一本书读懂
不良资产

石佳华◎著

中国法制出版社
CHINA LEGAL PUBLISHING HOUSE

谨以此书献给蓬勃发展的中国不良资产行业
和通过阅读本书喜欢上中国不良资产市场的投资人。

前言

春生、夏长、秋收、冬藏，天之正也。从2020年11月萌发要写一本关于中国不良资产行业的书的想法，到11月中下旬敲下第一行字，再到2021年9月白露时节完成书稿，其间经历了春夏秋冬四季轮替，回望这过去的一年，不能不让人惊叹于时间的伟力。在一开始，我只是有了一星半点的火花，从事金融行业10年里，有幸学到一鳞半爪，把这些年工作中的见闻和思考转化为文字记录下来，首先对自己是一种阶段性的总结和反思；其次也能够帮助到对金融业，特别是不良资产行业感兴趣的广大投资人和读者；最后作为卷帙浩繁中的沧海一粟，把今人对不良资产的实践通过书籍的形式流传下去，为以后从事不良资产工作的同人提供一丝借鉴，如果能从中有所启发，则善莫大焉。

正如上一段所说，本书并不是事先统一规划的产物，而是写完一章，又想到了下一章内容，一步接着一步不断扩充完成的，即"迈出一步，动力就会随之而来"。我最先想到的，就是把平日工作流程做一梳理，介绍清楚什么是不良资产、不良资产的内涵和外延经历的几次大的飞跃、国内不良资产行业的参与主体有哪些、不良资产收处怎么操作，这四个问题构成了本书的第一部分。写完上面的内容后，我又觉得不放心，担心读者觉得晦涩无味，看不进去，遂开始写第二部分，选取了不良资产收购、司法诉讼、投后管理和不良资产处置四个阶段的典型案例，向读者进一步说明。第三部分是我写的一些理论文章，分别从四大资产管理公司（AMC）历史回顾、博弈论在不良资产处置中的运用和推导、2021年不良资产行业变革大事、AMC分（子）公司（指分公司与子公司）协同发展、AMC中长期发展方向与实现路径、爱尔兰坏账公司发展模式与启示、提倡一种健康的借贷理念、处置银行体系不良资产不同方式的侧重点、高风险金融机构救助九个方面入手，是我在2021年在不同时间看到热点新闻后想要表达的观点汇编。

读完本书的读者应该会发现，这本书的写作用语是不统一的，这也是我刻意为之。第一部分、第二部分注重以简明的大白话表达，这样方便读者阅读使用，不要因为有一些经济术语而人为提高了阅读门槛，使得大家买回去后把它束之高阁，那是故弄玄虚了。第三部分为政策思考和理论阐述，所以行文风格为书面用语，在阅读了第一部分、第二部分的基础上，我相信第三部分对你也将轻而易举。在这本书的写作过程中，有一些内容已经提前上传到我的个人公众号，不良资产行业的头部自媒体几乎全部留言希望转载，在此表示感谢！是你们每天坚持更新，让不良资产这个小众行业得到了更多投资人的关注，真正成长为我国金融领域不可或缺的重要一员。公众号文章发表后，有的读者留言“干货满满，点赞”，有的读者留言“您好！这本书全名叫什么？可以在哪里购买？”，还有的读者留言“不错的文章，对于我一个小白来说通俗易懂，辛苦啦”，是你们的热情留言，坚定了我写这本书的信念，因为它是有需求的，它能帮助到别人。

本书中言论仅代表个人观点，其中部分文章已经发表于《银行家》杂志。在此感谢《银行家》杂志社，感谢中国社科院国家金融与发展实验室，感谢中国法制出版社赵宏主任、冯运老师，是你们的辛勤付出让这些文字得到第一次发表的机会。还要感谢我工作单位的各位领导，是你们支持我、鼓励我在工作之余从事不良资产相关的理论研究，你们博闻广识，兼具娴熟的业务实践能力和政策理论功底，有的来自国有大行，有的来自国家部委，无一不热爱所从事的不良资产管理行业，许多人把职业生涯都奉献给了建设有中国特色的不良资产管理行业，让我由衷敬佩。

我要感谢工作这10年里遇到的同事们，和你们共事的日子总是如此美好，让人如沐春风。我想感谢这些年陪伴在我身边的人们，我身边的老师、同学、朋友。最后也是最重要的，感谢永远无条件包容我的父母、外婆、舅舅，你们是我累了的时候休憩的平静港湾。

石佳华

2021年9月7日于西子湖畔

提到金融行业，你首先会想到什么？是银行，是保险，是投行，是信托，是理财产品，还是移动支付？本书中将要向你讲述的金融行业，也许你从来都没有听过，也没有接触过，甚至都不知道它的存在。它是金融皇冠上的璀璨明珠，它拥有点石成金的魔力，它是如此神秘，我们叫它不良资产。如果不是机缘巧合下进入金融资产管理公司，我一定和捧着这本书的你一样，对不良资产全然不知。我已经迫不及待了，请和我一起踏上这趟旅程，揭开中国不良资产管理行业这块神秘面纱。

目 录

第一部分 实务操作篇

第二部分 案例解析篇

第三部分 政策思考篇

第一部分

实务操作篇

第一章　不良资产的定义

第一节　从无到有：银行体系的不良贷款

2020年，中国银行保险监督管理委员会（以下简称银保监会）的数据显示，这一年中国银行业共处置不良资产3.02万亿元。截至2020年末，不良贷款余额3.5万亿元，较年初增加2816亿元；不良贷款率1.92%，较年初下降0.06个百分点。不良资产已经成为我国金融行业中一个最新的万亿级市场。那么，到底什么是不良资产？

不良资产，中文字面意思是“不良的资产”；英文写法为Non-Performing Asset，简称NPA，英文直译的意思是“不再正常运转的资产”。中英文意思都能反映出一点概念，但是又不够明确，那么，不良资产的标准定义是什么。我想说的是，不良资产这个概念，在国内经过整整22年发展，已经发生了很大的变化，更确切地说是外延大大扩展了。

不良资产在国内最早的定义，是银行体系的不良贷款，即银行收不回来的那些贷款。1998年以前，财政部《金融保险企业财务制度》规定，贷款按照拖欠时间长短分为正常、逾期、呆滞、呆账四类，后三类合称为不良贷款，简称“一逾两呆”。其中，到期未还的贷款称“逾期贷款”，逾期超过1年的贷款称“呆滞贷款”，无法收回本金的贷款称“呆账贷款”，这种以时间划分贷款的方式，很快就无法反映不同贷款的真实质量。

1998年，中国人民银行（即我国的央行，以下简称人民银行）参考国际惯例，发布《贷款分类指导原则》，其中按照收回贷款的可能性高低，把贷款重新划分为正常、关注、次级、可疑、损失五类，后三类合称为不良贷款。这种划分标准更为科学，受到大家支持，沿用至今。从那一年起，银行体系中的次级、可疑、损失三类不良贷款，成为国内对“不良资产”最早的定义。

人民银行官网上如此写道，“次级类贷款”是指借款人的还款能力出现明显问题，完全依靠其正常营业收入无法足额偿还贷款本息，即使执行担保，也可能会造成一定损失的贷款；“可疑类贷款”是指借款人无法足额偿还贷款本息，即使执行担保，也肯定要造成较大损失的贷款；“损失类贷款”是指在采取所有可能的措施或一切必要的法律程序之后，本息仍然无法收回，或只能收回极少部分的贷款。这三类不良贷款里，借款人（债务人）的还款意愿和还款能力是逐渐递减的，读者可以简单按照贷款“本金要承受一定损失”“本金要承受部分损失”和“本金要承受极大损失”来理解记忆。

贷款五级分类	记忆点
正常类贷款	本金安全
关注类贷款	本金可能要承受损失
次级类贷款	本金要承受一定损失
可疑类贷款	本金要承受部分损失
损失类贷款	本金要承受极大损失

时间来到1999年，在席卷亚洲的金融风暴过后，中国政府为了整顿财经秩序，增强抵御下一轮经济风险的能力，决定对岌岌可危的国内金融行业（银行大量贷款无法收回）实施一场外科式手术，大规模剥离中国工商银行、中国农业银行、中国银行、中国建设银行及国家开发银行五家国有银行账上的不良贷款，并成立四家与之平行的“坏账”公司，即华融、长城、东方、信达四大国有金融资产管理公司（Asset Management Corporation，AMC），把不

良贷款（Non-Performing Loan，NPL）从国有银行的资产负债表上转移到新成立的四大国有AMC上，以在最短的时间内迅速挽救国有银行的财务质量。这场惊心动魄的试验，如惊雷，拉开了中国不良资产行业22年发展的大幕，1999年也成了国内不良资产行业的创始元年。

直到今日，银行体系的不良贷款仍是我国不良资产的最主要部分，只不过和1999年不同的是，当年动辄30%以上的不良率已经成为昨天的故事，今天的中国银行业，平均不良率不到2%。2018年以来，国内不良贷款的增长速度有所加快，行业迎来新一轮机遇。

银保监会郭主席2020年8月在《求是》杂志撰文，其中提到“预计今年总体杠杆率和分部门杠杆率都会出现较大反弹，金融机构的坏账可能大幅增加。2019年银行业新形成2.7万亿元不良贷款，出现疫情‘黑天鹅’后，资产质量加倍劣变不可避免。由于金融财务反应存在时滞，目前的资产分类尚未准确反映真实风险，银行即期账面利润具有较大虚增成分，这种情况不会持久，不良资产将陆续暴露”。上面这段话代表官方判断，我们可以往深看一层，看看2020年四个季度银保监会统计的各类商业银行不良贷款情况。

2020年商业银行主要指标分机构类情况表（季度）

单位：亿元[①]

截止时间	科目	大型商业银行	股份制商业银行	城市商业银行	民营银行	农村商业银行	外资银行
一季度	不良贷款余额	9553	5052	4519	63	6831	103
	次级类贷款余额	4129	2091	2333	29	2849	37
	可疑类贷款余额	3906	1836	1303	20	3529	44
	损失类贷款余额	1519	1124	882	14	453	22
	不良贷款率	1.39%	1.64%	2.45%	1.14%	4.09%	0.71%

① 因表中数据以“亿元”为单位取整数位，部分数据直接相加后可能与后文的公式有微小差异。

续表

截止时间	科目	大型商业银行	股份制商业银行	城市商业银行	民营银行	农村商业银行	外资银行
二季度	不良贷款余额	10240	5169	4410	77	7365	102
	次级类贷款余额	5313	2247	2209	40	3073	35
	可疑类贷款余额	3569	1895	1269	23	3853	44
	损失类贷款余额	1358	1027	932	14	439	23
	不良贷款率	1.45%	1.63%	2.30%	1.31%	4.22%	0.69%
三季度	不良贷款余额	10822	5317	4513	88	7514	97
	次级类贷款余额	5826	2334	2268	43	3121	25
	可疑类贷款余额	3515	1903	1278	28	3874	51
	损失类贷款余额	1482	1080	967	17	518	21
	不良贷款率	1.50%	1.63%	2.28%	1.40%	4.17%	0.67%
四季度	不良贷款余额	11052	5008	3660	87	7127	81
	次级类贷款余额	5357	2264	2142	37	2959	28
	可疑类贷款余额	4077	1707	978	28	3694	38
	损失类贷款余额	1617	1037	540	22	475	16
	不良贷款率	1.52%	1.50%	1.81%	1.27%	3.88%	0.58%

首先，要了解几个概念。不良贷款余额=次级类贷款余额+可疑类贷款余额+损失类贷款余额；不良贷款率=不良贷款余额/银行贷款余额。

其次，从绝对数上看，国有大行不良贷款余额最高，农商银行次之，股份制银行第三，城商银行第四。从不良率上看，我国银行业分类别平均不良率最高值在4%以内，不算很高，其中农商银行不良比例远远大于其他类型银行，城商银行第二，股份制银行第三，国有大行第四，这从侧面印证了国有大行股份制改造、建立现代企业制度带来的实实在在的好处。

最后，截至2020年底，国内商业银行不良贷款余额达2.7万亿元（本节开头提到的是中国银行业不良贷款余额3.5万亿元），这个体量有多大？占到我国同期国内生产总值（GDP，Gross Domestic Product）的2.7%。假设放到全国同期31个省级行政区（不含港澳台地区）的GDP排名中，可以排到第14名，略高于陕西省的2.61万亿元。

顺带提一下，除了按照“次级”“可疑”“损失”标准分类的不良贷款外，金融监管部门对于不良贷款的界定，还有一个方法，即按照巴塞尔银行监管委员会（Basel Committee on Banking Supervision，BCBS）的规定“逾期90天以上的贷款为不良贷款”，这个标准更加直白，简单明了。在此基础上，有些资产质量好的国有大行已经主动把逾期60天以上的贷款都算作不良贷款，这点和欧美形成鲜明反差，欧洲金融监管当局是希望银行机构尽量少计提不良贷款，以免阻碍银行的竞争力。从不良率这个单一指标来看，国内银行机构的资产质量远远好于欧洲。

知识链接

巴塞尔银行监管委员会

巴塞尔银行监管委员会（BCBS）成立于1975年，总部位于瑞士巴塞尔，是银行审慎监管的主要全球标准制定者，并为就银行监管事务进行定期合作提供了论坛。其45名成员包括来自28个司法管辖区的中央银行和银行监管机构。

知识链接

新闻里经常出现的银行不良资产方面常用指标

指标名称	计算方式
不良贷款率	不良贷款余额 / 贷款余额
拨备覆盖率（拨备充足率）	各类贷款损失准备 / 不良贷款余额
贷款拨备率（拨贷比）	各类贷款损失准备 / 贷款余额

“不良贷款率”是“不良贷款余额”占“贷款余额”的比例。银行想降低不良贷款率（不良率），有两种方式，第一种是减少处于分子位置上的不良贷

款余额，第二种是扩大处于分母位置上的贷款余额。所以，一家不良率较高的银行，如果想把不良率降低到监管部门许可的范围内，一种方式是增强资产保全部门的人力，加快清收或对外转让；另一种方式则是扩大放款量，用更大的贷款投放基数来降低高的不良率。

拨备覆盖率，也叫拨备充足率，2018年原银监会印发《关于调整商业银行贷款损失准备监管要求的通知》（银监发〔2018〕7号），其中把对银行拨备覆盖率的监管要求由150%下调为120%—150%。“各类贷款损失准备”，指银行在成本中列支、用以抵御贷款风险的准备金，不包括在利润分配中计提的一般风险准备，通俗地说就是银行单独备着一部分钱，专门用来冲抵未来可能发生的损失。这样就好理解了，比如一家银行有不良贷款余额1000亿元，那么120%的拨备覆盖率，意思就是这家银行要单独计提1200亿元贷款损失准备，用于覆盖未来贷款收不回来时产生的损失，150%的拨备覆盖率就是要准备1500亿元贷款损失准备，用于覆盖未来贷款收不回来时产生的损失。一般来说，1000亿元不良贷款是不可能一分钱都无法收回的，相当比例是可以收回的，因为贷款项下还有抵押物、保证人用于还款，所以100%的拨备覆盖率是能满足银行贷款损失的，120%—150%的拨备覆盖率，显然体现了我国金融监管当局审慎监管、防控金融风险的政策意图。作为对比，2019年欧洲央行仅要求金融危机中的意大利银行业至2026年的拨备覆盖率达到100%即可。

可以看出，拨备覆盖率更高的银行，是计提了更多贷款损失准备的银行，其应对未来可能发生的贷款坏账，相比其他银行而言，拥有更多的弹药。因此，拨备覆盖率越高，代表这家银行经营得越稳健。截至2021年三季度已经公布的数据显示，有9家银行的拨备覆盖率在400%以上，分别是杭州银行559.42%、常熟银行521.37%、宁波银行515.30%、上海农商行464.90%、无锡银行459.33%、张家港银行451.67%、招商银行443.14%、中国邮政储蓄银行422.70%、苏州银行410.43%。这些银行大部分位于长三角区域，从侧面反映出长三角区域不仅经济发展程度较高，银行资产质量和经营理念在国内也处于先进位置。

贷款拨备率，也叫拨贷比。2018年原银监会印发《关于调整商业银行贷款损失准备监管要求的通知》（银监发〔2018〕7号），其中把对银行贷款拨备率的监管要求由2.5%下调为1.5%—2.5%。有兴趣的读者可以自行查询各银行的财报，看看哪家银行的贷款拨备率更高或者更低。

介绍两个术语，第一个是“不良资产包”，第二个是“转让基准日”。前面已经介绍了“不良资产”，这个“不良资产包”又是什么意思？这里解释一下。2012年，财政部、原银监会《金融企业不良资产批量转让管理办法》中规定，“批量转让，是指金融企业对一定规模的不良资产（10户以上）进行组包，定向转让给金融资产管理公司的行为”。通俗地说，我国银行业的不良贷款，如果要采取批量方式向外转让，最少要由10户不同的债权组成一个“资产包”，这个组资产包的过程，也很形象地被业内称为“打包”或者“组包”。2017年，原银监会发文下调了组包的门槛，“批量转让是指金融企业对3户及以上不良资产进行组包”。从此，“不良资产包”就是指由3户及以上的不良贷款构成的债权组合。与3户及以上“资产包”相对应的概念，叫作“单（两）户不良资产”。

知识链接

不良资产包和单（两）户不良资产

概念	定义	转让方式
不良资产包	3户及以上的不良贷款	批量转让
单（两）户不良资产	单（两）户不良贷款	单独转让

第二个术语是“转让基准日”，指一个资产包内所有债权（即贷款）本金、利息的计算截止时间。在实践中，每一户贷款发放的时间不可能在同一天，而要确定资产包总的本金、利息，就必须选取一个统一的日期，假定都计算

到2020年10月17日，那么2020年10月17日就是这个资产包的转让基准日。基准日一旦确定，每户债权计算到这一天的本金、利息也就确定下来，这个过程被业内称为“封包”。封包之后，一般不再对资产包的债权构成作调整。我们可以把所有贷款都发放后的任意一天设置成基准日，当然离组包时间越近越好，这样能够真实反映出资产包的现时价值。

第二节　纳入债转股资产和抵债资产

这是不良资产概念的第一次向外扩展。随着四大AMC着手处理从四大银行接收过来的庞大不良贷款，除了能够变现的贷款外，剩余还有许多不良贷款一时间难以处置或者转让，这就出现了债转股和以资抵债的需求，AMC把这部分不良贷款变成对债务人的股权，或者取得实物资产。

债转股，是指债权人把对债务人享有的债权关系转化为股权关系。举个例子，一家养猪场，出栏数1000头，总投资额100万元。养猪场老板欠老王10万元，老王本来可以让养猪场还10万元本金和利息，但是商业嗅觉敏锐的投资小能手老王发现，猪价正在上涨，老王转过身来对着养猪场老板说：“你欠我的10万元就不用急着还了，算作我的投资股份吧，以后每年给我点分红就行。”此时10万元就从债权变成了股权，10万元可以占到100万元中10%的股份比。假设养猪场每年净利润50万元，则10万元股份每年可以分到5万元利润，如此下来老王两年全部回本，从第三年开始，后面的都是纯收益了。对于债权人而言，债转股的作用，一是把短期收益置换成了长期收益，二是把利息收益置换成了投资收益。

延伸阅读

中国长城资产牵头联合同业运作的中国中铁债转股项目成功过会

5月5日，证监会并购重组委召开第20次会议，中国长城资产牵头联合同业运作的中国中铁市场化债转股（发行股份购买资产）重组方案获无条件通过。中国中铁债转股方案通过先增资上市公司的子公司再与上市公司换股的两步走方式进行，开创了央企市场化法治化债转股的新模式。

2018年6月，中国长城资产作为项目主要牵头人之一与中国国新、中国东方、结构调整基金、穗达投资、中银资产、中国信达、工银投资和交银投资共计9家投资者通过收购债权转股权和现金增资的方式投资115.97亿元，持有中国中铁下属中铁二局、中铁三局、中铁五局和中铁八局等4家子公司部分股权。其中，中国长城资产收购了浙商银行北京分行对中铁二局、中铁三局、中铁八局合计25亿元债权，并转换为股权。根据此次过会的中国中铁发行股份购买资产方案，中国中铁将以116.54亿元的总估值向9家债转股投资机构发行股份购买其持有的中国中铁4家子公司股权，届时中国长城资产所持中国中铁子公司股权将转换为中国中铁上市公司股权，中国长城资产预计持有上市公司股权365股、691股、328股，占总股数的1.49%。

中国中铁债转股具有以下三方面积极意义：一是有效降低了中国中铁的资产负债率。公开数据显示，2018年末中国中铁合并口径资产负债率为76.43%，较上年同期下降3.46个百分点。二是优化了中国中铁的治理结构。此次交易引入投资人参与公司治理，9家债转股投资人委派的11名董事、监事参与到标的子公司的公司治理和重大经营决策中。三是增强中国中铁核心竞争力和可持续发展能力。

中国中铁债转股项目是资产公司继中国铁物债转股后又一央企债转股的成功案例，探索了深化供给侧结构性改革的新路径。该项目的成功实施，体现了资产公司在降低国企财务杠杆、盘活国有存量资产等方面的重要作用，彰显了中国长城资产作为中央金融企业的责任意识。

抵债资产是指债权人把债权对应的抵押物，通过以资抵债的方式，变抵押权为所有权，所取得的资产。抵债资产可以是住宅、商业房产或者其他产权，考虑到银行发放贷款时对不动产的青睐，以房产抵押物为常见。

这里需要解释一组概念：抵押权和所有权。银行发放抵押贷款，抵押物假设是一套住宅，住宅的所有权没有发生变化，一直是属于债务人的，债务人只是把住宅抵押给了银行，银行拥有的是抵押权。除非债务人还不上贷款，同时抵押物又无法变卖给他人，银行为了弥补贷款损失，被迫选择以资抵债，获得抵押物的所有权，抵扣对应贷款数额，这个时候，银行手上拿着的，就从抽象的“欠条”，变成了实物的“房子”。为了减少经济资本占用，银行在成为所有人之后的两年内，必须尽快处置掉这个抵债资产，若不如此，银行肯定会成为中国最大的房产公司，恒大、万科、碧桂园，请往后面站一下。

知识链接

抵押权和所有权

两种不同的权利	解　释
抵押权	借款人向银行借款，抵押房子，办理抵押登记，银行享有抵押权，银行持有房子的他项权证
所有权	房子的所有权还是归借款人（即债务人）所有

解释一下为什么说“为了减少经济资本占用，银行在成为所有人之后的两年内，必须尽快处置掉这个抵债资产”。首先，什么是“经济资本占用”？简单来说，银行是经营风险的机构，有风险自然会有损失的可能，损失分成两种，第一种是预计内的损失，这部分用拨备覆盖；第二种是预计外的损失，这部分用经济资本占用覆盖。

知识链接

经济资本占用和拨备

经济资本占用	银行为了覆盖预计之外的损失而准备
拨备	银行为了覆盖预计之内的损失而准备

其次，原银监会2013年《商业银行资本管理办法（试行）》中第六十九条规定，“商业银行非自用不动产的风险权重为1250%。商业银行因行使抵押权而持有的非自用不动产在法律规定处分期限内的风险权重为100%”；1995年《商业银行法》中规定，“借款人到期不归还担保贷款的，商业银行依法享有要求保证人归还贷款本金和利息或者就该担保物优先受偿的权利。商业银行因行使抵押权、质权而取得的不动产或者股权，应当自取得之日起二年内予以处分”。

综合上面两个文件我们可以得出银行在两年内须尽快处置掉抵债资产的真实原因，银行通过以资抵债取得的物权，前两年内只需要按照100%的风险权重计提，从第三年开始就要按照1250%的风险权重计提，这将花费银行大量的资本。

第三节　扩展到非银行不良资产

这是不良资产概念的第二次向外扩展。非银行不良资产，这个概念包含两层意思，第一层意思是非银行金融机构不良资产；第二层意思是非金融机构不良资产。两个概念比较像，也比较拗口，这里解释一下。

第一层，我国的金融机构，除了银行以外，还有很多其他类型机构，比如保险公司、证券公司、信托公司等，它们通过不同渠道和方式，也在为实体经济输送金融养分，但是前几年兴起银行表外理财、资管计划、信托贷款、上市公司股权质押，各种融资工具大行其道，给我国金融体系造成了比较大的风险。所以，非银行金融机构不良资产是所有非银行金融机构无法收回的不良借款，这些年以影子银行对外提供融资积累起的不良资产为主。

知识链接

两种非银行不良资产

两种非银行不良资产	举例
非银行金融机构不良资产	股权质押爆仓、信托不良、资管计划不良
非金融机构不良资产（非金）	实体企业之间无法收回的应收账款

按照银保监会《中国影子银行报告》，我国影子银行包括银行同业特定目的载体（Special Purpose Vehicle，SPV）投资、委托贷款、资金信托、信托贷款、银行理财、非股票公募基金、证券业资管、保险资管、资产证券化、非股权私募基金、网络借贷P2P机构、融资租赁公司、小额贷款公司提供的贷款，以及商业保理公司保理、融资担保公司在保业务、非持牌机构发放的消费贷款、交易所提供的债权融资计划和结构化融资产品。

《中国影子银行报告》提到，中国影子银行在2008年后迅速发展，随着金融业务范围的拓展和跨行业、跨市场综合经营的扩张，影子银行每年以20%以上的速度增长。到2016年底，我国影子银行规模已经相当庞大，广义影子银行超过90万亿元，狭义影子银行亦高达51万亿元。影子银行已犹如脱缰的野马一路狂奔，不仅使金融风险不断积累和暴露，违法违规问题日益严重，而且也大大抬高了我国宏观杠杆水平，吹大资产泡沫，助长脱实向虚，严重影响了金融与经济的良性循环，极大扭曲了市场资源的正常有效配置，对我国经济金融向高质量转型发展构成重大威胁。自2017年开始集中整治，到目前，影子银行的规模较历史峰值压降约20万亿元。

对于影子银行，我认为应该一分为二地看待。一方面，影子银行体系，是我国信贷大环境下特定阶段的产物，它们之所以存在，是因为市场上有相应的融资需求，需求创造供给，一部分小微企业和民营企业，或因为没有抵押物，或因为无法满足银行贷款审查要求，不能从大银行获得廉价资金（年化借款利率5%—7%），而企业为了采购原料、维持日常周转，就向小银行或者不惜绕远道向信托公司、表外理财、融资租赁公司申请授信。这些金融机构的审批要求松一些，借款利率就高一些（年化10%以上），但是比民间高利贷（年化借款利率24%—36%）便宜，受到小微企业主的追捧。目前，国有企业、大中型民营企业以大银行融资为主，小微企业以小银行、影子银行融资为主，陷入经营困难的企业往往求助民间高利息贷款过桥。影子银行在短短几年的时间里异军突起的根本原因，是银行现有的信贷审批模型满足不了这一部分小微企业的贷款需求。

另一方面，信托公司不聚焦"受人之托、代客理财"业务，证券公司不聚焦证券承销业务，银行表外理财不聚焦货币市场业务。这些金融机构偏离主业异化为融资工具，为了赚取固定收益置风险防控于不顾，通过加杠杆、多层嵌套、通道出表，放大了经济外部冲击，增加了金融体系的脆弱性，近期频频"爆雷""爆仓"，监管层也难以统计真实情况，亟须规范清理。84.80万亿元的影子银行规模，取1—3个点计算，则我国影子银行部门的不良资产总额在8480亿元到2.54万亿元，高值和银行部门的不良贷款余额不相上下。这些不良资产只要解决了打折出让问题，就有可能成为华融、长城、东方、信达四家大型AMC化解金融风险的下一个主战场。

第二层，2015年，财政部、原银监会下发《金融资产管理公司开展非金融机构不良资产业务管理办法》，标志着非金融机构不良资产成为新的不良资产蓝海。非金融机构不良资产，简称"非金"业务，指非金融机构所有的，但不能为其带来经济利益，或带来的经济利益低于账面价值，已经发生价值贬损的资产（包括债权类不良资产、股权类不良资产、实物类不良资产），以及各类金融机构作为中间人受托管理其他法人或自然人财产形成的不良资产等其他经监管部门认可的不良资产，比如企业之间的应收账款。

需要说明的是，为了把收购非金融机构不良资产（以下简称"非金不良"）和向企业提供融资相区分，"非金不良"的认定有非常明确、严格的标准，即必须符合“真实、有效、洁净”三原则。

按照监管规定：真实，指资产客观存在且对应的基础经济行为真实发生，相关要素明确具体，可获得、可证实；有效，指资产属于国家法律法规允许转让的范围；洁净，指资产权属关系能够得到交易相关方的认可，原权利人已经履行完毕约定给付义务，不存在履约纠纷，不存在不可转让、其他优先受偿权、超过诉讼时效约束等权利瑕疵。

这等于是在之前金融机构不良贷款的平行世界里，把广袤的实体企业间不良借款，也纳入不良资产宇宙，是国内关于不良资产理论认识的一次巨大飞跃。在华融、长城、东方、信达四家大型AMC内，除了传统金融不良资产部门外，都成立了专门的“非金不良”部门，用来收购企业间不良应收账款。

第四节 全口径下的“大不良”

经过22年实践，国内AMC对于“不良”这个概念的认识，已经发生了三次重大飞跃。第一次飞跃中不良资产从无到有，第二次飞跃中从“银行体系不良贷款”扩展到“抵债资产”和“股权资产”，第三次飞跃中从“银行不良资产”扩展到“非银行不良资产”。现在可以预期，随着我国金融业不断发展和金融创新不断深化，从“不良资产”扩展到“困境企业”“风险机构”的“大不良”这个第四次飞跃已经到来。如果还囿于“不良资产”这个“小不良”概念，势必无法跟上金融市场发展的主流，业务难以可持续增长。

首先，是困境企业。自“三去一补”实施以来，一部分前期过度负债（贷款、发债、股权质押）、多元化投资导致开支远远大于现金流回收的企业，陷入流动性困境。它们把短期零售资金用于长期支出，导致久期错配。其中一部分企业存在“借钱是不用还的”错误思维，认为快速把资产负债表做大到行业头部位置后，就和政府有了博弈的资本，即使出现资金断裂，政府考虑到社会影响、维护稳定，也不会坐视不理，甚至会实施救助。

我总结下来，企业从正常还款一步步到无力偿还，一般会经历以下三个阶段。第一阶段是正常还款，此时债务人的年经营性现金流净值大于贷款本金，能够在贷款到期时正常兑付；第二阶段是勉强还款，此时债务人的年经营性现金流净值小于贷款本金，但是大于贷款利息，能够保证每月按时兑付利息，贷款到期需要依靠“借新还旧”或者过桥资金；第三阶段是无力还款，此时债务人的年经营性现金流净值既小于贷款本金，又小于贷款利息，当第一次出现无法兑付利息的情况时，银行宣布贷款提前到期，违约风险爆发。正常的借贷关系应该是处于第一阶段，到了第二阶段的时候已经暴露风险敞口，企业应该高度警惕，收缩投资，回笼现金流，不应该进一步劣变到第三阶段。很显然，综观这次出现风险的企业，不仅掉入第二阶段，而且已经陷入第三阶段。

知识链接

企业从正常还款到违约的三阶段

第一阶段（正常还款）	年经营性现金流净值	大于贷款本金
第二阶段（勉强还款）	年经营性现金流净值	小于贷款本金，但是大于贷款利息
第三阶段（无力还款）	年经营性现金流净值	既小于贷款本金，又小于贷款利息

对于掉入第三阶段的企业，AMC要怎么做？企业产品有市场竞争力、符合环保标准、有一定技术含量的，AMC通过综合运用银行、保险、证券、信托、基金等金融全牌照，为其提供增加信贷、短期贷款向中长期贷款置换、追加合格抵押品、资产置换、增加直接融资、引入股权投资等服务，降低企业杠杆，恢复流动性，逐步回到第二阶段乃至第一阶段中。在经过充分行业研究的基础上，可以对同一行业的几家企业适时开展重组整合，培育一两家头部企业、隐形冠军或者独角兽，运用证券牌照，保荐其上市。

其次，是风险机构，指经营发展陷入风险的金融机构。近年来，金融监管部门（人民银行、银保监会、证监会）先后对包商银行、锦州银行等风险金融机构实施重组或接管，一起简单回顾一下。

2018年2月，安邦集团爆发严重信用风险，被原保监会接管，引入保险保障基金公司，重组为大家保险公司。

2019年5月，"明天系"包商银行因资不抵债，被人民银行、原银监会接管，接管期间由建设银行托管业务，引入存款保险基金公司、徽商银行、建设银行AIC子公司等新股东，发起设立蒙商银行。

同月，锦州银行因同业负债被挤兑，触发流动性冻结，涉及金融机构交易对手达300家之多，单体机构风险有可能蔓延到同业，人民银行会同原银监会制定了风险处置和改革重组方案，引入工商银行AIC子公司、信达投资、长城公司、汇达公司等投资者，并实施了1500亿元不良资产的大规模剥离。

此外，2020年7月，银保监会依法对新时代证券、国盛证券、国盛期货三家机构接管，由中信建投证券、中航证券及招商证券、国泰君安期货分别托管业务；同日，银保监会对天安财险、华夏人寿、天安人寿、易安财险、新时代信托、新华信托六家机构实施接管。

我们不妨根据实践，参考监管部门的指标，尝试来界定一下，即高风险金融机构是指发生资不抵债、流动性断裂、无法正常经营的金融机构。需要说明的是，这三个前缀是并列的，不要求同时满足，只要满足其中任意一项，即应当被视为高风险金融机构。举例论证，包商银行是资不抵债，锦州银行是流动性断裂，恒丰银行是无法正常经营。

据银保监会统计，截至2019年底，全国各类银行业金融机构法人达4607家。随着金融市场化不断深入、复杂的金融产品推陈出新，金融机构本身出险的可能性也在增高，当这些机构或由于突发挤兑，或由于资不抵债，或由于不良率高等不同因素触发信用风险时，势必要求有制度化的安排能在第一时间应对，防止单体机构风险演变为全局性系统性风险。除了具备"自救"功能的"生前遗嘱"，对风险机构的"他救"也相当重要。救助主要是在资本和流动性支持两方面的增强，以期从长远改善其资本充足率、流动性、拨备覆盖率、盈利能力和资产负债结构。

作为专责化解金融风险和兼营各类金融机构的大型AMC，可以在风险机构救助上发挥更大作用。有兴趣的读者可以跳至本书第三部分第十五章“高风险金融机构的自救与他救”提前看剧透。

延伸阅读

工行、信达、长城宣布受让锦州银行股份，均称为财务性投资

继工商银行、中国信达之后，中国长城资产也宣布受让锦州银行股份。7月28日晚间，澎湃新闻从中国长城资产管理股份有限公司（以下简称中国长城资产）方面获悉，中国长城资产近日与锦州银行部分股东签署股份转让协议，拟受让锦州银行部分存量内资股股份。不过，中国长城资产尚未透露相关受让股份数量。

在此之前，中国工商银行（601398.SH，1398.HK）、中国信达资产管理股份有限公司（中国信达，1359.HK）先后发布公告拟受让锦州银行（0416.HK）部分股份。工商银行称，其全资子公司工银金融资产投资有限公司（以下简称工银投资）近日与相关股份出让方签署了股份转让协议，拟出资不超过30亿元受让锦州银行的内资股股份。截至公告发布日，工银投资受让的股份数占锦州银行普通股股份总数的10.82%。中国信达表示，其全资附属公司信达投资有限公司（以下简称信达投资）近日与相关股份出让方签署股份转让协议，拟受让锦州银行的内资股股份。截至公告发布之日，信达投资受让的股份数占锦州银行普通股股份总数的比例为6.49%。

三家金融机构均表示，本次投资为财务性投资，尚需满足协议约定的相关条件（包括取得相关监管批准）方可完成。7月25日，锦州银行在官网发布情况说明称，该行董事会及部分大股东正在与多家有意愿的、有实力的机

构接触，洽谈引进战略投资者事宜，在政府和监管部门支持指导下，目前谈判进展顺利。

资产规模7500亿元左右的锦州银行成立于1997年，由辽宁省锦州市15家城市信用社和锦州市城市信用合作社联社整体改制而成，总部位于辽宁省锦州市。2015年12月，锦州银行在香港联合交易所上市。在此之前，锦州银行因其2018年年报“难产”而被备受关注。继4月1日发布延迟公布年报后，锦州银行多次发布延期公告。5月31日，锦州银行公告称，董事会及其审计委员会接获安永辞任函，提出实时辞任该行核数师。安永在辞任函中表示，在进行锦州银行2018年度综合财务报表审计期间，安永注意到有迹象显示银行向其机构客户发放的某些贷款实际用途与其信贷文件中所述的用途不一致。6月28日，锦州银行宣布董事会已委任国富浩华（香港）会计师事务所为该银行新任核数师，国富浩华已开始对该行2018年业绩的审计工作，预计将于2019年8月底前发布2018年度业绩。

第二章 不良资产行业的参与主体（上）

第一节 银行

银行，每个人从小到大都离不开它，它在我们的生活中发挥着重要作用。取钱、存钱、转账、刷卡、信用卡消费、换点外币、贷款、买房子按揭、投资金条、ATM机、理财……银行向我们提供了全方位的产品，堪称“金融产品的超市”。但是你真的了解银行吗？这一节，让我们一起走进银行的世界。我国银行首先可以分成三类：中央银行、政策性银行和商业银行。

一、中央银行：中国人民银行

1995年颁布的《人民银行法》规定，中国人民银行是我国的中央银行。中国人民银行在国务院领导下，制定和实施货币政策，对金融业实施监督管理。中国人民银行在国务院领导下依法独立执行货币政策，履行职责，开展业务，不受各级政府、各级政府部门、社会团体和个人的干涉。中国人民银行的全部资本由国家出资，属于国家所有。通俗地说，就是大家中学课本中提到过的“发行的银行”“国家的银行”“银行的银行”。

“发行的银行”，指人民银行是我国境内唯一的货币发行机构。由人民银行下面的货币金银局负责发钞，其他任何一家银行，在我国（不含港澳台地区）都没有货币发行权，中国工商银行没有，中国建设银行也没有。在许多国家，中央银行独家控制货币的发行，它要根据经济运行的情况，合理调节市场流通中货币的数量，保障币值的稳定，维持货币流通的秩序。这一职能与百姓生活息息相关。中央银行不能想当然地滥发货币。货币发行过少不能满足日常流通的需要，公众没有足够多的钱去交换商品或者进行支付。货币发行过多则更不是一件好事情，容易引起货币贬值，导致通货膨胀。

"国家的银行"，指中央银行也代表国家从事金融活动。例如，它制定和执行货币政策，实施宏观经济调控。在必要时，中央银行还向政府提供贷款，帮助政府平衡财政收支。另外，中央银行还经理国库收支，保管国家的黄金储备和外汇储备，代表政府参加各种国际金融组织。在有些国家，中央银行还承担着监督管理商业银行的职能。在我国，监督管理银行业的职能于2003年由人民银行移交给新成立的中国银行业监督管理委员会（原银监会，2018年与原保监会合并为现在的银保监会）承担。

人民银行代表政府制定货币政策，对我国金融市场实施宏观审慎管理，经济过热的时候，上调存款准备金率，收紧银根；经济萧条的时候，下降存贷款基准利率，鼓励企业贷款扩大投资，鼓励个人把存在银行的钱拿出去消费。人民银行还管理国家外汇储备，截至2020年12月末，我国外汇储备达到32165亿美元，要让这么一个天文数字保值增值，负责管理、投资它们的人，堪称国内最顶尖的操盘手。以至于2020年最后一天，人民银行易行长专程赶赴国家外汇管理局中央外汇业务中心，看望全体外汇储备经营管理人员。

"银行的银行"，指通常情况下，中央银行不跟一般的工商企业和个人打交道，只与商业银行和其他金融机构有业务往来。从一定意义上说，中央银行是许多商业银行及其他金融机构的重要依靠。别看是金融机构，它们也有缺钱的时候，例如暂时出现资金周转的困难，或者发生了危机急需借钱"救命”。中央银行往往在这个时候伸出援助之手，向那些需要用钱的金融机构提供流动资金，帮助它们渡过难关。中央银行在履行这种职能时，理论上可形象地将其称作“最后贷款人”。除此之外，中央银行还保管着商业银行的存款准备金，保障商业银行稳定运行。它还组织全国票据清算系统，为商业银行和其他金融机构提供票据清算的便利。

人民银行是站在所有其他银行后面的银行，发挥了金融体系“最后贷款人”的职责，企业、个人资金短缺可以找中国工商银行、中国农业银行、招商银行、北京银行等，这些银行如果没钱，背后默默支持它们的，就是人民银行。换句话说，人民银行不向企业、个人直接营业，而是通过给商业银行、政策性银行提供再贷款、再贴现，间接为市场注入流动性。所以，千万不要拿着银行卡去人民银行取钱，人民银行不能给你钱，但是可以给你免费送上一堂金融知识教育课，然后慈祥地目送你远去。

除此之外，人民银行还承担着制定和实施人民币汇率政策，监督管理银行间同业拆借市场、银行间债券市场、银行间票据市场、银行间外汇市场和黄金市场，制定全国支付体系发展规划，统筹协调全国支付体系建设，会同有关部门制定支付结算规则，负责全国支付、清算系统的正常运行，承担全国反洗钱工作的组织协调和监督管理，管理征信业的职能。

需要注意，人民银行不是一家商业银行，而是以中央银行的身份参与金融市场，虽然其职责庞杂，但与各国央行一致，最重要的职能是三项，即维护我国币值稳定、维护国内金融市场稳定和搭建一个高效的支付清算系统。

这不是说人民银行就没有参与不良资产行业，人民银行对不良资产行业的参与，体现在这四个方面：一是按年度发表《中国金融稳定报告》，这是许多国家央行的常规动作，即通过对国家整体经济状况和金融领域风险的分析，从宏观审慎角度识别风险、提出政策建议；二是向四家大型AMC提供流动性支持，这包括政策性时期购买特别国债，以及后来支持四大AMC在银行间市场发行债券；三是对AMC行业负有宏观审慎管理职责，但是微观监管职责已经移交给银保监会；四是旗下汇达资产公司、存款保险基金公司，作为不良资产收处平台和金融安全网，可以直接从事不良资产业务。

知识链接

存款保险基金管理有限责任公司

存款保险基金管理有限责任公司，股东为中国人民银行，注册资本为100亿元。公司经营范围包括：进行股权、债权、基金等投资；依法管理存款保险基金有关资产；直接或者委托收购、经营、管理和处置资产；依法办理存款保险有关业务；资产评估；国家有关部门批准的其他业务。

二、政策性银行：国家开发银行、进出口银行、农业发展银行

中国政府于1994年成立国家开发银行（国开行）、中国进出口银行（口行）、中国农业发展银行（农发行）三大政策性银行，分别从中国建设银行、中国银行、中国农业银行抽调骨干人马组建，对应着国民经济的基础设施建设、大型成套设备进出口、粮食收购环节，这三个领域往往需要中长期、低成本的资金支持，贷款可以近似看成是代替财政发挥作用。

按照1994年的《国家开发银行章程》，国家开发银行是直属国务院领导的政策性金融机构，国家开发银行的主要任务是按照国家的法律、法规和方针、政策，筹集和引导社会资金，支持国家基础设施、基础产业和支柱产业大中型基本建设和技术改造等政策性项目及其配套工程的建设，从资金来源上对固定资产投资总量进行控制和调节，优化投资结构，提高投资效益，促进国民经济持续、快速、健康发展。

按照2017年原银监会颁布的《国家开发银行监督管理办法》，国家开发银行应当认真贯彻落实国家经济金融方针政策，充分运用服务国家战略、依托

信用支持、市场运作、保本微利的开发性金融功能，发挥中长期投融资作用，加大对经济社会重点领域和薄弱环节的支持力度，促进经济社会持续健康发展。国家开发银行应当坚守开发性金融定位，根据依法确定的服务领域和经营范围开展业务，以开发性业务为主，辅以商业性业务。

国开行信贷支持的领域，主要集中在铁路、公路、机场、住房改造，从其2020年年报上可以管中窥豹，如新建银川至西安铁路项目、四川巴中至万源高速公路项目、福建福清核电机组项目、大藤峡水利枢纽项目、南京城市轨道交通项目、青岛新机场工程项目、大学生助学贷款项目、西安长安区老旧小区综合提升改造项目。

有的时候，监管部门也会把国开行从政策性银行中单独分出来，标注为我国唯一一家“开发性金融机构”。这样划分的原因主要有两点，第一是从传统经济学观点来看，政策性金融往往很难盈利，而国开行的经营业绩其实非常不错。截至2020年末，国开行总资产为171035.75亿元，同比增长3.63%；实现营业收入、净利润分别为1732.53亿元、1188.16亿元。净利润数据仅次于四大行，高于交通银行。第二是国开行其实已经是一家银行集团，其除了银行业务外，旗下还有国开金融公司、国开证券公司、国银金融租赁、中非发展基金等子公司。

按照1994年的《中国进出口银行章程》，中国进出口银行是直属国务院领导的政策性金融机构，实行自主、保本经营，企业化管理。在业务上接受财政部、对外贸易经济合作部、中国人民银行的指导和监督。中国进出口银行主要是为机电产品和成套设备等资本性货物进出口提供政策性金融支持。

按照2017年原银监会颁布的《中国进出口银行监督管理办法》，中国进出口银行应当依托国家信用，紧紧围绕国家战略，充分发挥政策性金融机构在支持国民经济发展方面的重要作用，重点支持外经贸发展、对外开放、国际合作、“走出去”等领域。中国进出口银行应当坚守政策性金融定位，根据依法确定的服务领域和经营范围开展政策性业务和自营性业务。

口行信贷支持的领域，主要集中在海外工程、贸易领域，从其2020年年报上可以管中窥豹，如巴布亚新几内亚国家海底光缆网络项目、巴西国家石油公司第二期浮式生产储油装卸装置（FPSO）海工模块项目、科特迪瓦阿比让港改扩建项目、丹麦某集团集装箱采购项目、某企业成套和高技术含量产品出口项目。

按照1994年《中国农业发展银行章程》，中国农业发展银行是直属国务院领导的政策性金融机构。中国农业发展银行的主要任务是：按照国家的法律、法规和方针、政策，以国家信用为基础，筹集农业政策性信贷资金，承担国家规定的农业政策性金融业务，代理财政性支农资金的拨付，为农业和农村经济发展服务。

按照2017年原银监会颁布的《中国农业发展银行监督管理办法》，中国农业发展银行应当依托国家信用，服务经济社会发展的重点领域和薄弱环节。主要服务维护国家粮食安全、脱贫攻坚、实施乡村振兴战略、促进农业农村现代化、改善农村基础设施建设等领域，在农村金融体系中发挥主体和骨干作用。中国农业发展银行应当创新金融服务模式，发挥政策性金融作用，加强和改进农村普惠金融服务，可通过与其他银行业金融机构合作的方式开展小微企业金融服务和扶贫小额信贷业务。

农发行信贷支持的领域，主要集中在农业、农村领域，从其2020年年报上可以管中窥豹，如支持北粮南运骨干企业入市采购、泰州兴化55万亩高标准农田建设项目、兰州国际高原夏菜副食品采购中心项目、持续支持现代种业发展、大力支持生猪产业发展。

国开行、口行、农发行发放的政策性贷款，也是要企业全额偿付的，其与商业性贷款的区别在于，第一享受优惠利率，第二享受政策扶持。所以，政策性贷款也有可能变成不良贷款，它们现阶段所占不良资产行业的比例并不大。

知识链接

我国三大政策性银行

主要指标	国家开发银行	中国进出口银行	中国农业发展银行
控股股东	财政部	外汇局	国务院
总资产	171035.75 亿元	50438.28 亿元	74602.24 亿元
不良率	0.79%	1.62%	0.36%
拨备覆盖率	—	—	—
贷款拨备率	3.38%	—	3.83%

截至2020年末数据。

三、商业银行

商业银行，就是我们平时最常见到的一类银行，大的有“宇宙第一大行”中国工商银行、“宇宙第二大行”中国建设银行、“宇宙第三大行”中国农业银行、“宇宙第四大行”中国银行；规模小一点的有招商银行、民生银行、光大银行；规模再小一点的有北京银行、上海银行、杭州银行等。它们直接向企业、个人开展业务，支行、网点、营业所遍布全国各县市，为我们带来便利的金融服务。

近年来，随着手机、移动互联网的普及，电子化迁徙率不断提高，大家足不出户，有的甚至一年都没有进过银行大厅，依然可以享受到银行提供的金融产品。按照银保监会2020年《商业银行法》修改建议稿，设立全国性商业银行的注册资本最低限额为100亿元人民币，设立城市商业银行的注册资本最低限额为10亿元人民币，设立农村商业银行的注册资本最低限额为1亿元人民币，注册资本应当是实缴资本。

我们可以把商业银行再做一个细分，分成五类，即大型商业银行、股份制商业银行、城市商业银行和农村商业银行、民营银行、外资银行。

1. 大型商业银行

改革开放后，中国工商银行、中国农业银行、中国银行及中国建设银行逐步得以建立、恢复和发展，曾被称为四大专业银行。随着四家银行体制改革进程不断深入，以及交通银行的发展壮大，从同质同类机构监管的角度，这五家银行统一归类为“国有及国有控股的大型商业银行”，并称为“大型商业银行”或“五大行”。

2019年，银保监会国有控股大型商业银行监管部将中国邮政储蓄银行纳入监管范围，因为中国邮政储蓄银行的股权结构和整体规模跟几家大型银行更为相近，划为这个序列也更合适。所以，从银保监会的统计口径来说，已把五家大型国有银行变为现在的中国工商银行、中国农业银行、中国银行、中国建设银行、交通银行、中国邮政储蓄银行六家。

知识链接

我国六大国有银行

主要指标	中国工商银行	中国农业银行	中国银行	中国建设银行	交通银行	中国邮政储蓄银行
控股股东	中央汇金公司	中央汇金公司	中央汇金公司	中央汇金公司	财政部	中国邮政集团
总资产	333450.58亿元	272050.47亿元	244026.59亿元	281322.54亿元	106976.16亿元	113532.63亿元
不良率	1.58%	1.56%	1.46%	1.56%	1.67%	0.88%
拨备覆盖率	180.68%	260.64%	177.84%	213.59%	143.87%	408.06%
贷款拨备率	2.85%	4.08%	2.96%	3.33%	2.40%	3.60%

截至2020年末数据。

知识链接

中央汇金投资有限责任公司

中央汇金投资有限责任公司（以下简称中央汇金公司）是依据《公司法》由国家出资设立的国有独资公司。2003年12月，中央汇金公司成立，总部设在北京，代表国家依法行使对国有商业银行等重点金融企业出资人的权利和义务。

2007年9月，财政部发行特别国债，从中国人民银行购买中央汇金公司的全部股权，并将上述股权作为对中国投资有限责任公司（以下简称中投公司）出资的一部分，注入中投公司。中央汇金公司的重要股东职责由国务院行使。中央汇金公司董事会、监事会成员由国务院任命，对国务院负责。中央汇金公司根据国务院授权，对国有重点金融企业进行股权投资，以出资额为限代表国家依法对国有重点金融企业行使出资人权利和履行出资人义务，实现国有金融资产保值增值。中央汇金公司不开展其他任何商业性经营活动，不干预其控股的国有重点金融企业的日常经营活动。

“汇金”是什么意思？读者可以按照“汇金”是“外汇资金”的简称来理解。

2.股份制商业银行

我国现有12家全国性股份制商业银行，分别是招商银行、浦发银行、中信银行、中国光大银行、华夏银行、中国民生银行、广发银行、兴业银行、平安银行、浙商银行、恒丰银行、渤海银行。截至2020年末，按照总资产大小排名，前五位为招商银行、浦发银行、兴业银行、中信银行、中国民生银行。

知识链接

我国12家股份制银行

银行名称	控股股东	总资产	不良率	拨备覆盖率	贷款拨备率	总部
招商银行	招商局集团	83614.48亿元	1.07%	437.68%	4.67%	深圳
中信银行	中信集团	75111.61亿元	1.64%	171.68%	2.82%	北京
平安银行	平安保险集团	44685.14亿元	1.18%	201.40%	2.37%	深圳

续表

银行名称	控股股东	总资产	不良率	拨备覆盖率	贷款拨备率	总部
恒丰银行	中央汇金公司	11141.55 亿元	2.67%	150.37%	2.67%	济南
兴业银行	福建省财政厅	78940.00 亿元	1.25%	218.83%	2.74%	福州
广发银行	中国人寿保险集团	30279.72 亿元	1.55%	178.32%	2.76%	广州
中国光大银行	中国光大集团	53681.10 亿元	1.38%	182.71%	2.53%	北京
华夏银行	首钢集团	33998.16 亿元	1.80%	147.22%	2.65%	北京
浦发银行	上海市政府	79502.18 亿元	1.73%	152.77%	2.64%	上海
浙商银行	浙江省财政厅	20482.25 亿元	1.42%	191.01%	2.72%	杭州
中国民生银行	全国工商联牵头	69502.33 亿元	1.82%	139.38%	2.53%	北京
渤海银行	天津市国资委	13935.23 亿元	1.77%	158.80%	2.81%	天津

截至2020年末数据。

3.城市商业银行、农村商业银行

城市商业银行是中国银行业的重要组成和特殊群体，其前身是城市信用社。城市商业银行的定位是：服务区域、服务中小、服务市民。在20世纪90年代中期，以城市信用社为基础，各县市纷纷组建城市商业银行，至今全国城市商业银行已过百家。

和城市商业银行一样，农村商业银行也脱胎于信用社体系，资产规模达到一定数额以上的，可以改组成城市商业银行；资产规模小一些，没有达到标准的，可以改组成农村商业银行。有的城商银行、农商银行前几年跨省市盲目扩张，在管理能力跟不上经营半径扩张的情况下，暴露出一些问题和经营风险。2020年银保监会《商业银行法》修改建议稿进一步明确城市商业银行、农村商业银行、村镇银行等区域性商业银行应当在住所范围内依法开展经营活动，未经批准，不得跨区域展业。

我国现有城市商业银行134家，截至2020年末，按照总资产大小排名，前五位为北京银行、上海银行、江苏银行、南京银行、宁波银行；我国现有农村商业银行1478家，按照总资产大小排名，前五位为重庆农商银行、上海农商银行、北京农商银行、广州农商银行、东莞农商银行；此外，还有各类农村合作银行、农村信用社、村镇银行。

知识链接

我国城商银行、农商银行举例

主要指标	北京银行	上海银行	江苏银行	南京银行	宁波银行
控股股东	北京市政府	上海市国资委	江苏省国资委	南京市国资委	宁波市国资委
总资产	29000.14亿元	24621.44亿元	23378.93亿元	15170.76亿元	16267.49亿元
不良率	1.57%	1.22%	1.32%	0.91%	0.79%
拨备覆盖率	215.95%	321.38%	256.40%	391.76%	505.59%
贷款拨备率	3.38%	3.92%	3.38%	3.58%	4.01%

截至2020年末数据。

主要指标	重庆农商银行	北京农商银行	上海农商银行	广州农商银行	东莞农商银行
控股股东	重庆市国资委	北京金控集团	上海市国资委	广州市政府	粤丰投资公司
总资产	11359.26亿元	10292.84亿元	10569.77亿元	10278.72亿元	5484.02亿元
不良率	1.31%	0.90%	0.99%	1.81%	0.82%
拨备覆盖率	314.95%	409.57%	419.17%	154.85%	375.13%
贷款拨备率	4.12%	3.69%	4.14%	2.81%	3.06%

截至2020年末数据。

4. 民营银行

为进一步鼓励和引导民间资本进入银行业，促进民营银行持续健康发展，为实体经济特别是中小微企业、“三农”和社区，以及大众创业、万众创新提供更有针对性、更加便利的金融服务，2015年以来，我国先后批准成立了18家民营银行，即天津金城银行、上海华瑞银行、浙江网商银行、温州民商银行、深圳前海微众银行、湖南三湘银行、重庆富民银行、四川新网银行、北京中关村银行、吉林亿联银行、武汉众邦银行、福建华通银行、威海蓝海银行、江苏苏宁银行、梅州客商银行、安徽新安银行、辽宁振兴银行、江西裕民银行。2015年以后成立的18家民营银行，与1987年后成立的12家股份制银行有所区别，是民营企业控股。截至2020年末，按照总资产大小排名，前五位为深圳前海微众银行、浙江网商银行、江苏苏宁银行、武汉众邦银行、湖南三湘银行。

知识链接

我国民营银行举例

主要指标	深圳前海微众银行	浙江网商银行	江苏苏宁银行	武汉众邦银行	湖南三湘银行
控股股东	腾讯公司	蚂蚁科技集团	苏宁公司	卓尔公司	三一集团
总资产	3464.30亿元	3112.56亿元	725.61亿元	724.60亿元	570.70亿元
不良率	1.20%	1.54%	0.94%	0.65%	1.62%
拨备覆盖率	431.26%	310.90%	263.32%	387.38%	140.56%
贷款拨备率	5.17%	—	2.49%	—	2.28%

截至2020年末数据。

5.外资银行

我国经营的外资银行（含港澳台地区股东）共41家，分别是汇丰银行（中国）、东亚银行（中国）、南洋商业银行（中国）、恒生银行（中国）、中信银行国际（中国）、大新银行（中国）、华侨永亨银行、华商银行、韩亚银行（中国）、新韩银行（中国）、友利银行（中国）、国民银行（中国）、企业银行（中国）、大华银行（中国）、星展银行（中国）、瑞穗银行（中国）、三井住友银行（中国）、三菱日联银行（中国）、首都银行（中国）、新联商业银行、盘谷银行（中国）、正信银行、永丰银行（中国）、玉山银行（中国）、澳大利亚和新西兰银行（中国）、法国巴黎银行（中国）、法国兴业银行（中国）、东方汇理银行（中国）、渣打银行（中国）、摩根士丹利国际银行（中国）、德意志银行（中国）、瑞士银行（中国）、花旗银行（中国）、摩根大通银行（中国）、华美银行（中国）、蒙特利尔银行（中国）、富邦华一银行、浦发硅谷银行、开泰银行（中国）、彰银商业银行、国泰世华银行（中国）。截至2020年末，按照总资产大小排名，前五位为汇丰银行（中国）、渣打银行（中国）、花旗银行（中国）、东亚银行（中国）、三菱日联银行（中国）。

知识链接

在我国境内营业的外资银行举例

主要指标	汇丰银行（中国）	渣打银行（中国）	东亚银行（中国）	三菱日联银行（中国）	花旗银行（中国）
境内网点资产	5658.02 亿元	2936.40 亿元	1834.49 亿元	1576.84 亿元	1968.54 亿元
不良率	0.20%	0.79%	1.88%	—	0.63%
拔备覆盖率	800.10%	306.00%	150.02%	—	410.64%
贷款拨备率	—	2.41%	2.82%	2.67%	2.60%
母国	英国	英国	中国香港	日本	美国

截至2020年末数据。

6.消费金融公司

除了上面五类商业银行外，消费金融公司虽然不叫“银行”，但也承担着放贷的功能，我们不能忽视。更何况，金融作为特许行业，要持牌经营。拥有消费金融公司牌照的消金公司，值得我们花费一点时间关注。

以中国银行和其控股的中银消费金融公司为例，中国银行的工商信息里经营范围为“吸收人民币存款；发放短期、中期和长期贷款”，中银消费金融公司的工商信息里经营范围为“发放个人消费贷款”。可以得出结论，消费金融公司是不能接收存款，只能向个人发放小额、分散、用于消费的贷款的金融机构。

我国现有持牌消费金融公司27家，分别为北银消费金融、四川锦程消费金融、中银消费金融、捷信消费金融、兴业消费金融、海尔消费金融、招联消费金融、湖北消费金融、苏宁消费金融、马上消费金融、中邮消费金融、杭银消费金融、华融消费金融、晋商消费金融、盛银消费金融、陕西长银消费金融、内蒙古蒙商消费金融、河南中原消费金融、湖南长银五八消费金融、哈尔滨哈银消费金融、河北幸福消费金融、上海尚诚消费金融、厦门金美信消费金融、中信消费金融、平安消费金融、重庆小米消费金融、北京阳光消费金融。截至2020年末，按照总资产大小排名，前五位的依次是招联消费金融、捷信消费金融、马上消费金融、兴业消费金融、中银消费金融。

知识链接

我国消费金融公司举例

主要指标	捷信消费金融	招联消费金融	马上消费金融	兴业消费金融	中银消费金融
控股股东	捷信集团（捷克）	中国联通、招商银行	重庆百货大楼	兴业银行	中国银行
总资产	652.07 亿元	1083.11 亿元	524.84 亿元	445.59 亿元	379.79 亿元

截至2020年末数据。

四、银行参与不良资产行业的几种角色

1. 自行处置不良资产。政策性银行、商业银行在发放贷款前，会根据借款人的征信情况、负债余额、经营业绩、实控人人品，依靠贷款评分表和信贷模型，得出是否授信的结论。显然，凭借严格的风控机制，大部分贷款都能正常归还，但也有一些贷款不如预期般乐观，会形成逾期，无法追回。银行不良贷款可以通过诉讼和核销两种方式对内处理，诉讼是走法律程序，通过起诉、判决、拍卖抵押物回款；核销则是在穷尽所有手段的情况下，仍回

款无望，银行内部启动计提损失流程，用事先准备好的拨备冲抵亏损本金利息，将这笔借款转入资产保全部门的“小黑屋”里另册登记。

2.作为不良资产供应商。向AMC等投资人公开转让不良资产。

3.向AMC提供流动性支持。AMC不是银行，不能向储户吸收存款，收购不良资产的资金以银行借款为主。选取两家大型AMC为例，据信达公司2020年年报，截至2020年底，信达公司总负债1.32万亿元，其中借款5569亿元，应付债券3557亿元，借款占总负债的42%。借款中银行借款4418亿元；应付债券中金融债1118亿元，资产支持证券1029亿元，公司债225亿元，二级资本债182亿元，次级债26亿元。据华融公司2020年年中报告，截至2020年6月底，华融公司总负债1.56万亿元，其中借款7660亿元，应付债券及票据3388亿元，借款占总负债的49%。

4.其他角色。大型商业银行如今都纷纷成立了自己的金融资产投资子公司（Asset Investment Corporation，AIC），把银行母公司对企业的不良贷款转换为AIC子公司对企业的股权持有，即债转股。同时，银行也可以和AMC等各类机构共同为困境企业提供金融服务。

第二节　金融资产管理公司（AMC）

我国不良资产行业走过了22年风雨历程，这期间中国经济起起伏伏，总的趋势是一步步从发展中国家之中脱颖而出，成长为如今全球第二大经济体。我在与北欧、南欧、西欧、美国、东亚各国不良资产发展的比较中，愈加惊叹于中国不良资产从一个陌生的舶来品，逐渐扩张成拥有各类市场主体参与的万亿元级大市场，不仅走出了一条中国特色的发展道路，而且在很多方面都处于国际前沿水平。时针拨回1999年，那一年，记忆中大家都在热情迎接即将到来的千禧年，正是在那一年，华融、长城、东方、信达四家中央政府投资的公共AMC成立，开启了国内不良资产的创业时代。

一、全国性AMC

1.全国性大型AMC：华融公司、长城公司、东方公司、信达公司

华融、长城、东方、信达四家AMC，是1997年全国金融工作会议上为了化解国有银行巨量不良贷款而设立的处置机构。AMC的目标是多重的，概括起来，最主要的是三个：一是清理国有银行资产负债表，大幅降低银行体系不良率；二是大幅降低国有企业杠杆率，降低融资成本，帮助国企脱困；三是把一部分债权变为股权，通过AMC向企业派驻董事，促进国企公司治理机制的现代化改造。

四家AMC的发展历程，现在普遍认为分为三个大的阶段比较科学。第一个阶段是政策性时期（1999—2006年），国内AMC诞生，其间有两次大规模剥离，1999年第一次剥离国开行、工商银行、农业银行、中国银行、建设银行的1.4万亿元不良资产，2004—2005年第二次剥离工商银行、中国银行、建设银行、交通银行的1.1万亿元不良资产。

第二个阶段是商业化时期（2007—2016年），四家AMC完成政策性任务，向市场化转型，收入银行、保险、证券、基金、信托、期货等金融全牌照，成为综合金融服务商。

第三个阶段是股改后的规范发展新时期（2017年至今），中央提出“三大攻坚战”和监管部门引领回归不良资产主责主业，在前两个阶段发展的基础上，明确了以不良资产为业务资源，以多种处置工具为手段，对不良资产、困境企业、高风险机构进行多维度、深层次、长链条开发与管理的新功能定位。下面我们一起学习一下这段历史。

按照国务院2000年颁布的《金融资产管理公司条例》，金融资产管理公司是指经国务院决定设立的收购国有银行不良贷款，管理和处置因收购国有银行不良贷款形成的资产的国有独资非银行金融机构。金融资产管理公司以最大限度保全资产、减少损失为主要经营目标，依法独立承担民事责任。金

融资产管理公司在其收购的国有银行不良贷款范围内，管理和处置因收购国有银行不良贷款形成的资产时，可以从事下列业务活动：（1）追偿债务；（2）对所收购的不良贷款形成的资产进行租赁或者以其他形式转让、重组；（3）债权转股权，并对企业阶段性持股；（4）资产管理范围内公司的上市推荐及债券、股票承销；（5）发行金融债券，向金融机构借款；（6）财务及法律咨询，资产及项目评估；（7）中国人民银行、中国证券监督管理委员会批准的其他业务活动。

我国的金融资产管理公司有特定所指，就是俗称的“不良资产公司”，国际上也叫“坏账公司”或者“坏账银行”，读者需要把它们和平时见到的满大街的财富管理公司、信托公司、投资公司、理财公司区别开来。

1999年4月20日，经国务院批准，中国信达资产管理公司在北京宣布成立。按照《关于组建中国信达资产管理公司的意见》，信达公司是具有独立法人资格的国有独资金融企业。主要任务是收购、管理、处置建设银行剥离的不良资产，以最大限度保全资产、减少损失为主要经营目标。信达公司业务范围包括收购并经营建设银行的不良资产，债务追偿，资产置换、转让与销售，债务重组，企业重组，债权转股权及阶段性持股，发行债券，商业借款，向金融机构借款，向中央银行申请再贷款，投资咨询与顾问，资产及项目评估，财务及法律咨询与顾问，企业审计与破产清算，资产管理范围以内的推荐企业上市和债券股票的承销，直接投资，资产证券化等。

信达公司总部设在北京，根据业务需要设置职能部门和分支机构。信达公司设立监事会，由财政部、人民银行、审计署、证监会、建设银行相关人员，外部专业人士及公司管理人员、员工代表组成。信达公司的人员主要从建设银行现有工作人员中选调，同时从社会上招聘若干专业技术人员，实行全员合同制。信达公司由人民银行负责监管，涉及人民银行监管范围以外的金融业务，由相关业务主管部门监管，财政部负责财务监管。

不良贷款的剥离范围是：按当前贷款分类方法剥离逾期、呆滞、呆账贷款，其中待核销呆账以及1996年以来新发放并已逾期的贷款不属此次剥离范围。剥离不良资产的具体办法由人民银行会同财政部确定，建设银行组织实施。建设银行要组织有关专家和中介机构对剥离的不良贷款进行评估和审核，并按规定报财政部认定。信达公司承接不良资产后，要统筹所属机构，综合运用出售、置换、资产重组、债转股、证券化等方法对贷款及其抵押品进行处置；对债务人提供管理咨询、收购兼并、分立重组、包装上市等方面的服务；对确属资不抵债、需要关闭破产的企业申请破产清算。按照国家有关规定，通过向境内外投资者出售债权、股权，最大限度回收资产、减少损失。

对已被信达公司收购的建设银行不良贷款，其所涉债务人由对建设银行的负债转为对信达公司的负债，由信达公司承继债权、行使债权主体的权利，并依法办理有关手续。信达公司在处置不良贷款过程中，有权依照有关法律法规和本书确定的经营范围和方式对承接的不良贷款实施重组。信达公司免交工商登记注册手续费，免征公司收购、承接、处置不良资产过程中的一切税收。信达公司处置不良资产形成的最终损失，由财政部提出处理方案报国务院审批。资产管理公司财务会计制度和资产管理公司资产处置考核办法由财政部制定。

按照《关于组建中国华融资产管理公司、中国长城资产管理公司和中国东方资产管理公司的意见》，华融公司、长城公司和东方公司是具有独立法人资格的国有独资金融企业。主要任务是收购、管理、处置中国工商银行、中国农业银行和中国银行剥离的不良资产，以最大限度保全资产、减少损失为主要经营目标。其中，华融公司主要收购并经营中国工商银行剥离的不良资产，长城公司主要收购并经营中国农业银行剥离的不良资产，东方公司主要收购并经营中国银行剥离的不良资产。三家公司的业务范围包括收购并经营相应银行的不良资产，债务追偿，资产置换、转让与销售，债务重组，企业重组，债权转股权及阶段性持股，发行债券，商业借款，向金融机构借款，向中央银行申请再贷款，投资咨询与顾问，资产及项目评估，财务及法律咨询与顾问，企业审计与破产清算，资产管理范围以内的推荐企业上市和股票、债券的承销，直接投资，资产证券化等。

三家公司总部设在北京，根据业务需要设置职能部门和分支机构。三家公司均设立监事会，由财政部、人民银行、审计署、证监会、相应的不良资产剥离银行相关人员以及外部专业人士和公司管理人员、员工代表组成。三家公司的人员主要从不良资产剥离银行现有工作人员中选调，同时从社会上招聘若干专业技术人员，实行全员合同制。三家公司由人民银行负责监管，涉及人民银行监管范围以外的金融业务由相关业务主管部门监管，财政部负责财务监管。

不良贷款剥离范围是：按当前贷款分类办法剥离逾期、呆滞、呆账贷款，其中待核销呆账以及1996年以来新发放并已逾期的贷款不属此次剥离范围。剥离不良资产的具体办法由人民银行会同财政部确定，相应的银行组织实施。剥离不良资产的银行要组织有关专家和中介机构对剥离的不良贷款进行评估和审核，并按规定报财政部认定。三家公司承接不良资产后，要统筹所属机构，综合运用出售、置换、资产重组、债转股、证券化等方法对贷款及其抵押品进行处置；对债务人提供管理咨询、收购兼并、分立重组、包装上市等方面的服务；对确属资不抵债、需要关闭破产的企业申请破产清算。按照国家有关规定，通过向境内外投资者出售债权、股权，最大限度回收资产、减少损失。

对已被三家公司收购的银行不良贷款，其所涉债务人由对原银行的负债转为对相应资产管理公司的负债，由相应资产管理公司承继债权，行使债权主体的权利，并依法办理有关手续。三家公司在处置不良贷款过程中，有权按照有关法律法规和本书确定的经营范围和方式对承接的不良贷款实施重组。三家公司免缴工商登记注册手续费，免征公司收购、承接、处置不良资产过程中的一切税收。三家公司处置不良资产形成的最终损失，由财政部提出处理方案报国务院审批。资产管理公司财务会计制度和资产管理公司资产处置考核办法由财政部制定。

华融公司、长城公司、东方公司和信达公司分别对口处置工商银行、农业银行、中国银行、建设银行的不良贷款。当年，银行内部员工面临一个机遇，是留在母体行还是去新生的AMC工作，许多双职工家庭，一个留在银行，一个去了AMC，是那个时候比较有意思的现象。

延伸阅读

中国长城资产20年累计化解不良资产两万亿元

成立于1999年10月18日的中国长城资产管理股份有限公司（以下简称长城资产），于2019年迎来了20岁的生日。20年来，长城资产始终坚守不良资产经营处置主业，充分运用并购重组手段，发挥“盘活存量、优化增量”功能，防范化解金融风险，服务实体经济，救助问题企业和问题金融机构，累计收购不良资产2万亿元，重组债务企业1000多家，拿出了一份有效防范化解金融风险、增强服务实体经济能力的精彩答卷。

20世纪90年代后期，受经济周期、体制转轨和亚洲金融危机等多重因素影响，国有商业银行积累了较大风险。1999年4月，党中央、国务院决定，成立4家资产管理公司集中处置国有银行不良资产。当年10月18日，长城资产的前身中国长城资产管理公司正式成立。公司诞生于亚洲金融危机发生之际，受命于中国经济转型发展关键之时，承担着防范和化解金融风险、支持国有商业银行和国有企业改革发展、最大限度保全与回收国有资产并减少损失的历史重任。

自1999年成立至2006年底的这一段政策性发展时期，长城资产先后收购农业银行、工商银行等国有商业银行剥离的6092亿元金融不良资产，改善了国有商业银行的资产负债结构，修复其“造血”功能，加快推进其商业化改革。为帮助国有大中型企业实现3年扭亏脱困任务，长城资产作为政策性债转股的实施主体，积极帮助国有企业实施债务重组、股权重组、建立现代企业制度，并接受国家安排，托管、整顿、重组了一批问题金融机构和问题企业集团，有效化解了一系列重大风险事件。

2007年至2016年底的10年间，长城资产探索出一条“突出并购重组优势、做强不良资产主业”的差异化竞争战略。2012年，长城资产收购东盛系不良金融债权对其核心上市企业东盛科技进行债务重组，并通过“以股抵债+延期偿债+债转股+追加投资”的组合拳，帮助企业改善经营，最终摘掉了ST（特别处理）的帽子。2015年，长城资产以“破产重整+资产重组”模式，成功化解“ST超日”的债务危机。“11超日债违约”事件发生后，长城资产第一时间展开救助，通过破产重整解决超日公司58亿元高额债务，引入龙头企业协鑫集团作为重组方，帮助企业恢复经营，并注入优质资产，最终达成恢复上市条件。商业化转型以来，长城资产增资收购德阳银行，注资整合广电日生人寿和厦门证券等，以有利于提升主业核心竞争力为出发点，通过战略调整、股权重组、资本补充、机制创新、文化重塑等措施，使上述机构在治理结构、业务规模、盈利能力等方面都有了较大改善。2016年12月11日，长城资产挂牌成立。长城资产向全面商业化经营、建立法人治理结构、构建现代企业制度的方向迈出了坚实的步伐。

中国铁路物资股份有限公司（以下简称中国铁物）是一家央企，2016年4月爆发债务问题，168亿元债务融资工具暂停交易。中国铁物债务规模大、构成复杂、债权人众多，长城资产为企业设计了以市场化法治化债转股为核心的一揽子综合金融服务方案，成功解决了中国铁物的债务问题，并牵头其他六家机构对其实施市场化法治化债转股，对维护债券市场健康发展和社会稳定具有重要意义。

四家大型AMC的发展。华融、长城、东方、信达四家大型AMC，都成立于那个即使面对万丈深渊也要大刀阔斧改革的1999年。彼时，我国一部分国企亏损严重，国有银行体系内积累了大量坏账，国企员工下岗分流，社会上弥漫着一种不安和悲壮感。中央相关负责同志怀着强烈的历史责任感，沉着冷静、迎难而上，一系列经济体制改革组合拳纷至沓来，国有企业三年脱困，国有银行从“第二财政”变成自负盈亏、独立核算的真正的商业银行，国企员工打破铁饭碗，政府建立社会保障制度等。无疑，组建四大AMC，是改革链条中不可或缺的重要一环。

四家公司奉命化解不良贷款，基本在2006年前后完成政策性任务，随着不良贷款处置告一段落，四家公司纷纷开始筹划在存量不良资产越来越少的前提下，未来商业化转型何去何从。据财政部、原银监会所划定的原则，2006年底前完成国家核定的债权资产处置目标的资产公司，将可以向商业化转型。2006年，由财政部主导制订的四大资产公司转型方案，经过原银监会、人民银行等几个部门的会签，上报至国务院。方案准备放开资产公司经营范围，分别根据各个公司的进展情况准予市场准入。方案规定资产公司在条件许可的情况下，可以增加10项经营范围，包括信托、金融租赁、汽车金融、基金、证券、风险投资、入股商业银行等。

2008年11月27日出版的《第一财经日报》这样写道，昨日，包括国务院法制办、财政部、一行三会、工农中建四大行主要负责人及四家AMC一把手在内的相关人等，就AMC转型方案召开专题会议。会议就AMC转型中的关键问题，如财务重组、业务范围、转型方向等进行了讨论。据悉，在大的方向问题上各部门已基本不存争议，但细节尚需进一步沟通。各部门达成共识后将上报审批，稍后，以股改为标志的AMC商业化转型也将正式拉开帷幕。按照财政部的思路，AMC商业化转型将分几步走，首先是政策性不良资产与商业性不良资产的清分，其次是财务重组、股改、上市。

从2006年开始，四家公司的商业化转型内容包括两个方面。一方面，公司的性质从政策性金融机构变成市场化金融机构，借鉴四大行已经成功的改革路径，通过“股份制改造—引入战略投资者—上市”三步曲，建立起现代企业制度。另一方面，公司的经营范围从不良资产收购处置扩展到银行、保险、证券、基金、信托、融资租赁、期货、评估、财务顾问等金融服务领域，走投行发展道路。2016年12月11日，长城公司改制为中国长城资产管理股份有限公司，四大AMC的商业化转型之路宣告完成。

2017年10月，党的十九大报告中提出要坚决打好防范化解重大风险、精准脱贫、污染防治的"三大攻坚战"。由此，按照中央精神和金融监管部门的部署，四家公司全面回归不良资产的主责主业。

知识链接

我国四大AMC及主要金融牌照

主要指标	中国华融公司	中国长城公司	中国东方公司	中国信达公司
控股股东	中信集团	财政部	财政部	财政部
注册资本	390.7亿元	512.34亿元	682.43亿元	381.65亿元
成立20年累计	收购不良资产2.9万亿元	化解不良资产2万亿元	处理不良资产近2万亿元	收购不良资产2.88万亿元
母体银行	中国工商银行	中国农业银行	中国银行	中国建设银行

主要金融牌照	中国华融公司	中国长城公司	中国东方公司	中国信达公司
银行	华融湘江银行	长城华西银行	大连银行	南洋商业银行
证券	华融证券	长城国瑞证券	东兴证券	信达证券
保险	无	长生人寿	中华联合保险	幸福人寿
信托	华融国际信托	长城新盛信托	大业信托	金谷信托

2.第五家全国性AMC：银河公司

2020年3月，银保监会批复同意建投中信公司转型为金融资产管理公司并更名为中国银河资产管理有限责任公司，至此，不良资产行业迎来了21年里的首个全国性新成员——银河公司。2021年1月9日，经过9个月的准备，银河公司正式开业。银河公司的作用，有点类似于当年国家在四大行之外，单独恢复成立交通银行，目的在于为市场注入新的机构，发挥鲇鱼效应，促进行业良性竞争。其当务之急，是在全国各省设立营业机构，逐步学习如何开展不良资产收购、处置业务。同时，按照《金融企业不良资产批量转让管理办法》，全国性资产管理公司的注册资本金是100亿元（含）以上，其大股东已经在2020年完成注资，补足注册资本差额。

知识链接

横空出世的银河AMC

主要指标	控股股东	注册资本	总资产
中国银河公司	中央汇金公司	100.00 亿元	113.83 亿元

截至2020年末数据。

3.人民银行旗下AMC：汇达公司

在我国金融不良资产体系内，有一家很少人知道的AMC——汇达资产托管有限责任公司。查看这家公司的工商注册信息，经营范围一栏是这么写的，“专门接收并管理和处置中国人民银行历史遗留的资产，对上述资产通过债务追偿、债务重组、资产置换、转让与销售，委托处置及其他方式进行处置，最大限度回收资产，减少损失”。人民银行历史遗留的资产，特指人民银行原广东省分行的历史遗留资产及人民银行投资在广东、海南和广西北海的房产项目。与四家公司收购各家银行不良贷款不同，汇达公司在现阶段更像是人民银行的政策工具，对锦州银行实施救助，入股大头的，就是汇达公司。

二、省级持牌AMC

在四家全国性AMC风风火火发展壮大的时候，各个省能不能有一家自己的AMC，来处理省内各银行的不良贷款呢？这个问题，一直萦绕在许多省级财经领导人的脑海中。不知道收到多少来自各个省的“情书”后，财政部于

2012年终于给出了肯定的回答，“Yes, I do”。

按照财政部、原银监会颁发的《金融企业不良资产批量转让管理办法》，各省级人民政府原则上只可设立或授权一家资产管理或经营公司，核准设立或授权文件同时抄送财政部和银监会。上述资产管理或经营公司只能参与本省（市、区）范围内不良资产的批量转让工作，其购入的不良资产应采取债务重组的方式进行处置，不得对外转让。公司注册资本金100亿元（含）以上。

因为一个省只能成立一家省级AMC，我们可以把这个文件形象地类比为不良资产行业的各省“一孩政策”。指标总算有了，新的问题接踵而来，100亿元可不是个小数目啊，各省纷纷表示压力太大，能不能便宜点啊。2013年，从善如流的原银监会把门槛降低到10亿元，仔细的读者可以联想一下前一节中“城市商业银行”的内容，没错，新规后省级AMC的注册资本降低到了和城市商业银行一个水平。到了2016年，各省再次进言，一个“孩子”是好，但是没人陪伴看着也挺孤单的，索性“再生一个”吧。2016年，原银监会宣布放开“二孩政策”，松绑《金融企业不良资产批量转让管理办法》第三条第二款关于各省级人民政府原则上可设立一家AMC的限制，允许确有意愿的省级人民政府增设一家AMC。

知识链接

全国各省级AMC全图

省份	省级持牌AMC	省份	省级持牌AMC	省份	省级持牌AMC
广东	粤财资产公司	江苏	江苏资产公司	甘肃	甘肃资产公司
	广州资产公司		苏州资产公司		长达资产公司
	招商平安资产公司	广西	广西金控资产公司	四川	四川发展资产公司
山东	山东省金融资产公司		广西广投资产公司		益航资产公司
	青岛市资产公司	安徽	安徽省中安金融资产公司	湖南	湖南省资产公司
	泰合资产公司		国厚资产公司		湘江资产公司

续表

省份	省级持牌 AMC	省份	省级持牌 AMC	省份	省级持牌 AMC
浙江	浙商资产公司	山西	华融晋商资产公司	西藏	海德资产公司
	光大金瓯资产公司		晋阳资产公司	新疆	金投资产公司
	宁波资产公司	河南	中原资产公司	云南	云南省资产公司
福建	闽投资产公司		河南资产公司	河北	河北省资产公司
	厦门资产公司	湖北	湖北省资产公司	吉林	吉林省资产公司
					吉盛资产公司
	兴业资产公司		天乾资产公司	贵州	贵州省资产公司
上海	上海国有资产经营公司	黑龙江	嘉实龙昇资产公司	海南	海南联合资产公司
	睿银盛嘉资产公司		国投穗甬资产公司	江西	江西省金融资产公司
天津	滨海正信资产公司	辽宁	富安资产公司	青海	昆朋青海资产公司
	津融投资服务集团公司		辽宁省国有资产经营公司	陕西	陕西资产公司
重庆	富城资产公司	内蒙古	内蒙古资产公司		
	渝康资产经营公司		庆源绿色资产公司		
北京	国通资产公司	宁夏	宁夏资产公司		
	北京资产公司		顺亿资产公司		

2019年，经过一段时间的发展，省级AMC“监管真空”的问题暴露出来。与四家全国性AMC不同，各省级AMC不属于银保监会监管，只是在设立环节需要银保监会核准，所以并没有获得银保监会颁发的金融许可证，从法律上讲，不能算是一家金融企业。监管滞后不利于省级AMC的合规可持续发展，对于省级AMC的统一监管办法即将出台。

第三节　金融资产投资公司（AIC）

AMC收购、处置银行不良贷款，企业的负债总量并没有减少（债务减免、拍卖抵押物除外），只是债权人从银行变成AMC。债转股则是把债权变成股权，那么企业需要偿还的借款总量降下来，符合国家“去杠杆”的政策思路。

按照原银监会2018年出台的《金融资产投资公司管理办法（试行）》，金融资产投资公司是指经国务院银行业监督管理机构批准，在中华人民共和国境内设立的，主要从事银行债权转股权及配套支持业务的非银行金融机构。金融资产投资公司应当遵循市场化、法治化原则运作，与各参与主体在依法合规前提下，通过自愿平等协商开展债转股业务，确保洁净转让、真实出售，坚持通过市场机制发现合理价格，切实防止企业风险向银行业金融机构和社会公众转移，防止利益冲突和利益输送，防范相关道德风险。银行通过金融资产投资公司实施债转股，应当通过向金融资产投资公司转让债权，由金融资产投资公司将债权转为对象企业股权的方式实现。银行不得直接将债权转化为股权。

鼓励金融资产投资公司通过先收购银行对企业的债权，再将债权转为股权的形式实施债转股，收购价格由双方按市场化原则自主协商确定。涉及银行不良资产的，可以按不良资产处置的有关规定办理。鼓励银行及时利用已计提拨备核销资产转让损失。银行、金融资产投资公司应当与债转股对象企业、企业股东等相关方按照公允原则确定股权数量和价格，依法建立合理的损失分担机制，真实降低企业杠杆率，切实化解金融风险。鼓励通过债转股、原股东资本减记、引进新股东等方式优化企业股权结构。支持金融资产投资公司推动企业改组改制，切实行使股东权利，履行股东义务，提高企业公司治理水平。金融资产投资公司的注册资本应当为一次性实缴货币资本，最低限额为100亿元人民币或等值自由兑换货币。

金融资产投资公司开展债转股应当符合国家产业政策等政策导向，优先考虑对拥有优质优良资产的企业和发展前景良好但遇到暂时困难的优质企业开展市场化债转股，包括：（一）因行业周期性波动导致困难但仍有望逆转的企业；（二）因高负债而财务负担过重的成长型企业，特别是战略性新兴产业领域的成长型企业；（三）高负债居于产能过剩行业前列的关键性企业以及关系国家安全的战略性企业；（四）其他适合优先考虑实施市场化债转股的企业。

金融资产投资公司不得对下列企业实施债转股：（一）扭亏无望、已失去生存发展前景的“僵尸企业”；（二）有恶意逃废债行为的失信企业；（三）债权债务关系复杂且不明晰的企业；（四）不符合国家产业政策，助长过剩产能扩张和增加库存的企业；（五）金融业企业；（六）其他不适合实施债转股的企业。

2017年，五家国有大型商业银行第一批设立了各自的AIC：工银投资（工商银行）、农银投资（农业银行）、中银投资（中国银行）、建信投资（建设银行）、交银投资（交通银行）。

知识链接

我国五大AIC

主要指标	工银投资	农银投资	中银投资	建信投资	交银投资
单一股东	工商银行	农业银行	中国银行	建设银行	交通银行
注册资本	279亿元	200亿元	100亿元	270亿元	100亿元
总资产	1456.57亿元	1098.60亿元	787.48亿元	1212.01亿元	490.41亿元

截至2020年末数据。

需要特别强调的是，AMC是独立于银行，和银行平行的金融机构，是银行体系外的风险隔离；AIC则是商业银行集团内部的下属子公司，是银行体系内的风险隔离。近年来，这种在集团层面通过成立新的子公司，与集团银行业务隔离的组织架构，在欧美自2008年金融危机后比较受欢迎。作为一种新型持牌金融机构，未来其他商业银行肯定也会加入到设立AIC的大军中，来化解存量不良贷款的压力。但是考虑到100亿元注册资金的门槛，基本上把大部分城市商业银行排除在外了，可以预计，只有12家股份制商业银行和头部城市商业银行有实力注册各自的AIC。

已经公告的银行如下。2018年8月，平安银行公告，拟于2019年前以自有资金出资50亿元设立债转股金融投资子公司，剩余部分引入第三方资本；兴业银行在2018年12月公告称，拟出资100亿元投资设立兴银金融资产投资有限公司，主要从事银行债权转股权及配套支持业务；广州农商行于2018年12月公告称，计划发起设立金融资产投资公司，同时作为第一大股东持股不低于35%，引入境内外法人机构作为战略投资者；2020年5月28日浦发银行公告称，该行董事会审议通过了关于设立金融资产投资公司的议案。

知识链接

农银金融资产投资有限公司

农银金融资产投资有限公司（以下简称农银投资），是银保监会批准成立的国内首批银行系市场化债转股实施机构之一。公司以贯彻落实国家政策为导向，以“服务供给侧结构性改革，服务实体经济，服务农业银行”为使命，以市场化、法治化为原则，致力于为企业提供综合化、专业化、定制化的债转股金融服务方案。

公司于2017年8月1日在北京注册成立，是中国农业银行的全资子公司，注册资本100亿元人民币，主要从事市场化债转股及配套支持业务。公司成立以来，坚持“诚信立业、稳健行远”的核心价值观，积极探索，勇于创新，在债转股业务模式、资金募集等方面处于同业领先。截至2020年7月底，已累计签约（集团）客户185户，累计实施债转股项目153个，投资规模近2000亿元。公司充分发挥在市场化债转股、资产管理以及重组顾问与咨询等领域的专业优势，助力企业降杠杆，实现提质增效，增强发展后劲。未来，农银投资将进一步主动满足客户的金融服务需求，努力成为领先的金融资产投资公司。

第四节　作为AMC服务商的中介机构

AMC在开展不良资产收购、处置过程中，常常要借助外部第三方专业中介机构的服务，它们被称为“服务商”，包括律师事务所、资产评估公司、拍卖机构、配资公司、刊登公告的报刊、信息供应商、合作清收机构。

一、律师事务所

律师事务所是AMC不可或缺的重要服务商，这体现在不良资产收购、投后管理、不良资产处置的所有环节中。

首先，在不良资产收购过程中，律师出具法律分析报告，从法律角度认定银行贷款是否有效，发现其中可能存在的瑕疵，为AMC收购资产提供判断。比较常见的内容包括债权是否成立、抵押登记是否存在瑕疵、保证担保是否无效、诉讼时效是否过期等。重大的法律漏洞将严重影响债权的估值。

其次，在不良资产平时的维护过程中，比如查询债务人财产情况、起诉、申请财产保全、申请强制执行、变更诉讼主体、变更执行主体、申报破产债权等日常法律流程中，AMC受人员、时间限制，会选聘代理律师协助完成工作。

最后，在不良资产处置过程中，律师要对债权转让的合法性作出判断，避免转让给法律不允许的主体。

我在实践中总结，认为一位优秀的不良资产代理律师需要同时具备以下三方面的能力：1.良好的法律素养，能够制作高水平的法律文书；2.与案件管辖法院、经办法官维持良好的沟通关系，加速推进案件进程；3.广泛的市场资源，为AMC寻找潜在意向客户。具备上面一个能力的，是合格律师；具备上面两个能力的，是称职律师；具备上面三个能力的，是AMC眼中优秀的代理律师。

在选择代理律师的时候，需要平衡这三个问题：1.选择大律所的小律师，还是选择小律所的大律师？大律所（行业排名前列、执业律师人数庞大）名气响，但是如果是里面的新人律师来代理案件，不如选择一家小型律所里的大律师（比如主任律师）；2.选择北上广深、省会城市的律所，还是选择债权所在城市的律所？不可否认，大城市的律所见多识广，视野开阔，但缺点是可能不如案件所在城市的律所般熟悉那里的人情关系和司法环境；3.选择事无巨细都和你汇报的律师，还是选择自有主见的律师？前者灵活性不够，后者容易天马行空，失去主导。选择代理律师的奥妙，因人而异，读者可以在实践中慢慢归纳。

二、资产评估公司

AMC在收购、处置不良资产过程中，需要选聘资产评估公司，参考其作出的评估报告，合理确定收购价格、处置价格。评估要确定一个评估基准日，评估报告有效期不超过基准日起的一年时间。

按照中国资产评估协会2017年《金融不良资产评估指导意见》，金融不良资产评估业务中的价值类型包括市场价值和市场价值以外的价值。市场价值以外的价值包括但不限于清算价值、投资价值、残余价值等。市场价值是指自愿买方和自愿卖方在各自理性行事且未受任何强迫压制的情况下，某项资产在基准日进行正常公平交易的价值估计数额。清算价值是指资产在强制清算或强制变现的前提下，变现资产所能合理获得的价值。投资价值是指资产对于具有投资目标的特定投资者或某一类投资者所具有的价值。残余价值是指机器设备、房屋建筑物或其他有形资产等在非继续使用前提下，其零部件或结构进行拆除、回收所能实现的价值。债权资产价值分析方法主要包括假设清算法、现金流偿债法、交易案例比较法、专家打分法和其他适用的分析方法。

需要注意两点，首先，评估公司的专业性是有局限性的，其作用只体现在评估上，而对于不良资产，其没有AMC员工专业。所以，评估公司的估值结果，不管是按照重置成本法，还是比较法，抑或是租金收入测算，都只能是AMC员工对债权估值的参考，最终估值定价，只能依靠AMC员工自己。其次，评估公司的关注点和AMC员工也往往不同，我自己在实践过程中发现，评估公司人员比较关心不动产的位置、三通一平、面积，而AMC因为对于资产是阶段性持有，在收购中总是要考虑好处置路径，所以对于不动产的租赁情况、权证瑕疵、是否唯一住宅、是否重复抵押、变现能力、市场接受度都更为看重。

三、拍卖机构

AMC处置不良资产，近年比较常见的是采用公开拍卖的形式，因为这种方式比起协议转让受众面广，可以最大限度排斥人为干扰，公正透明，防止国有资产流失。拍卖机构包括网络拍卖平台和拍卖行两种。

这几年网络拍卖蔚然成风，法院司法拍卖、海关罚没的走私物品拍卖，都已经实现挂网。网络拍卖平台通过与各大AMC签订战略合作协议，引导AMC把不良债权也放在网络上公开处置。在上面可以点击的资产包罗万象，包括住宅、商铺、办公楼、酒店、公寓、工业厂房、汽车、私人飞机、船舶、股权、债权、林权、矿权、国土使用权、工程设备、海域使用权、商标专利、古玩、字画、珠宝首饰等，一应俱全。

这里有一组重要概念容易混淆。同样是网络拍卖，读者需要区分，法院拍卖的是物权，AMC拍卖的是债权。这是两个截然不同的东西。物权是抵押物，比如房子、汽车，竞买人买到的就是房子、汽车这类实物资产；而债权是贷款，竞买人不能直接买到实物资产，买到的是债权以及债权名下的抵押权利，相当于你代替AMC成为新的债权人，如果这个债权是有抵押物作为担保的，你就同时获得了抵押物最高额担保金额范围内的优先处置权。

知识链接

物权与债权及各自拍卖的一般规则

拍卖组织者	拍卖标的	拍卖参与人	拍卖成交
法院	实物资产	至少1人	成为实物资产的所有人
AMC	债权	至少2人	成为债权人，如果有抵押担保的，同时成为实物资产的抵押权人

法院在网上处置物权（抵押物）的拍卖规则是：司法评估价的70%作为一拍起拍价，一拍流拍价的80%作为二拍起拍价，二拍流拍价再变卖一次，如果变卖失败，债权人可以选择以物抵债或者终结本次执行程序。假设司法评估价为1000万元：

司法拍卖	起拍价	竞价时间	成交	流拍
一拍（第一次）	700万元	24小时	成交	转入二拍
二拍（第二次）	560万元	24小时	成交	转入变卖
变卖（第三次）	560万元	60天	成交	以物抵债或者终结本次执行程序

AMC在网上处置债权（不良贷款）的拍卖规则是，一拍成交制，流拍后一般不组织折价二拍。

不良资产拍卖	起拍价	竞价时间	成交	流拍
一拍	AMC设定	AMC设定	成交	结束

四、配资公司

配资公司只是一种民间叫法，其实并没有这个明确的细分行业。投资人从AMC购买资产，有时候大的资产包动辄上亿元，全款压力比较大，市场就出现了为这些投资人提供配资的服务商。这和贷款买房子、按揭买汽车的原理一致。有了配资公司，购买者只需要支付首付款，然后按月或者按季度支付剩余本金利息，等全部款项支付完毕，贷款结清，债权资产才正式过户到投资人名下。配资公司赚取的是利息收入。

五、刊登公告的报刊

财政部规定，AMC处置不良资产，需要刊登处置公告。按照2008年《金融资产管理公司资产处置公告管理办法》，AMC在形成资产处置方案后，资产处置公告应采取网站公告和报刊公告两种形式：（一）网站公告。拟处置项目，均应在AMC审核处置方案前，在公司对外网站发布处置公告。其中，资产处置标的在1000万元（含）以下的处置项目，只需在公司对外网站发布处置公告，不需要进行报刊公告。（二）报刊公告。对资产处置标的超过1000万元的处置项目，除在公司对外网站发布处置公告外，还应当在相应级别的报刊上进行公告。其中，资产处置标的在1000万—5000万元（含）的处置项目，在资产所在的市级（含）以上公开发行的经济类或综合类报刊进行公告。资产处置标的超过5000万元的处置项目，在资产所在的省级（含）以上公开发行的经济类或综合类报刊进行公告。

资产处置公告应当遵循如下时间期限规定：（一）资产处置标的在1000万元（含）以下的处置项目，应在资产处置审核机构审核日至少7个工作日前刊登公告；（二）资产处置标的在1000万—5000万元（含）的处置项目，应在资产处置审核机构审核日至少10个工作日前刊登公告；（三）资产处置标的在5000万—10000万元（含）的处置项目，应在资产处置审核机构审核日至少15个工作日前刊登公告；（四）资产处置标的超过10000万元的处置项目，应在资产处置审核机构审核日至少20个工作日前刊登公告。

六、信息供应商

在收购不良资产过程中，AMC要精准估值，除了银行提供的信贷档案以外，还可以通过网络查询相关信息，比如国家市场监督管理总局主办的国家企业信用信息公示系统。近年，一批数据提供商如万得（Wind），通过后台算法，抓取国家企业信用信息公示系统、网络搜索页面上的数据，实现一站式整合内容，提供给各类投资人使用，极大方便了AMC做债务人的背景调查。

在这些网站上输入所需要查询公司的名称，点击搜索，会出现你所要搜索的公司，并显示工商信息、投资人、对外投资、企业年报、诉讼、失信信息、专利、著作权、商标展示、企业证书、企业新闻、企业招聘等信息，根据需要，可以生成相应的报告。用户通过股东高管姓名查询公司，选择股东高管栏，输入股东或者高管姓名。用户选择经营范围栏，查询企业信息。用户选择品牌产品栏，查询企业信息。在查专项列表中，包括查商标、查关系、查公司、查判决、查失信、被执行。

七、合作清收机构

AMC可以选聘一批外部机构合作清收债权，即委托处置。四家AMC分支机构的编制人数非常精简，平均大约只有60人，其中再刨去中层以上干部、中后台岗，直接面对不良资产收购、处置的员工只剩下30人。这30人，人均管理债权户数少则几十户，多则上百户，人均涉及债权本金少则上亿元，多则几十亿元，人力配比不足，呈现“小马拉大车”的情况。相对比下，某国有大行浙江省分行在全省有员工2万多人。为了解决人手不足的问题，四家AMC会挑选一部分债权，委托给外部第三方机构去处置，给予它们相当大的权限，来收回贷款。合作清收的权利，比律师代理更进一步，合作清收方拥有较大的自主决策权，报酬也相应高一些。

第五节　民间投资人

民间投资人（包括自然人、企业）是不良资产市场的买受人。他们从AMC刊登的债权营销公告里寻找机会，如果发现合适的“猎物”，就安排去现场尽调，除了AMC提供的信贷档案，民间投资人也会动用身边人脉，向债务人的关联方了解一些私人信息，以减少信息不对称，比如掌握了他人不知道的重要还款消息。尽调完成认为有盈利空间的，来和AMC谈判，双方经过多轮报价、回复、妥协、博弈，互相试探对方的“底牌”，最终达到一个满意的转让价格。

投资人缴纳一定比例的保证金后，AMC发起该债权的转让流程。需要注意的是，双方谈出的转让价格是一个“保底价格”，并不是“成交价格”，债权仍然需要在交易所、网络或者拍卖行公开转让，出价最高者摘得资产，存在其他人中标的可能性。

不是所有人都可以参与不良资产的买卖。国家公务员、金融监管机构工作人员、政法干警、AMC工作人员、国有企业债务人管理层和参与资产处置工作的律师、会计师、评估师等中介机构人员等关联人或者上述关联人参与的非金融机构法人，以及与参与不良债权转让的AMC工作人员、国有企业债务人或者受托资产评估机构负责人员等有直系亲属关系的人员禁止参与债权受让。

我能查到的最早对此作出规定的文件，是2005年发布的《财政部关于进一步规范金融资产管理公司不良债权转让有关问题的通知》，其中载明“下列人员不得购买或变相购买不良资产：国家公务员、金融监管机构工作人员、政法干警、资产公司工作人员、原债务企业管理层以及参与资产处置工作的律师、会计师等中介机构人员等关联人”。

不良资产行业投资人明显不同于其他行业的企业主，他们购买债权时，需要支付的转让对价，少则上百万元，多则上亿元，所以大多是已经有所积累的成功人士。他们的人员构成粗略可以分为三类：第一类是之前经营实体经济的企业家；第二类是一直从事不良资产的专业投资人；第三类是从法院、AMC、银行等不良资产相关机构下海的工作人员。如果给他们画个大数据像，不会是初出茅庐的小伙子、小姑娘，而是一群拥有广泛社会资源的行业中坚。

第三章 不良资产行业的参与主体（下）

第一节 外资机构

外资机构一直是我国不良资产市场的重要参与者，早在20世纪末21世纪初的政策性时期，就有外资机构批量购买不良资产的身影，可以说，从我国不良资产行业诞生起，它们一直是不可忽视的重要主体。

2001年，原外经贸部、财政部、人民银行颁布《金融资产管理公司吸收外资参与资产重组与处置的暂行规定》，给予外资进入中国不良资产市场的入场券，彼时国内没有多少人知道怎么处置不良资产、怎么给不良资产定价，更不要说形成现在的不良资产行业。

闸门打开，摩根士丹利首吃螃蟹，通过竞标购得账面值108亿元的3个资产包。其后，高盛、花旗、摩根大通、雷曼兄弟等赫赫有名的华尔街大鳄纷纷抢滩中国市场，一时风头无两。

2007年，《国家发展改革委、国家外汇管理局关于规范境内金融机构对外转让不良债权备案管理的通知》发布，规范境内金融机构向外资公司转让不良资产的政策，外资机构在国内大肆收购不良资产的步伐逐渐放缓。

2020年1月15日，中美两国政府签署第一阶段经贸协议，即《中华人民共和国政府和美利坚合众国政府经济贸易协议》。其中“第四章金融服务”的

“第4.5条金融资产管理（不良债务）服务”中提到了不良资产方面的合作。一是双方承认在不良债务服务领域存在互利互惠的机会，愿共同在该领域促成更多机会。二是中国应允许美国金融服务提供者从省辖范围牌照开始申请资产管理公司牌照，使其可直接从中资银行收购不良贷款。中国在授予新增的全国范围牌照时，对中美金融服务提供者一视同仁，包括对上述牌照的授予。三是美国将继续允许中国金融服务提供者在美参与不良贷款的收购和处置。

上述协议内容充分体现了我国在金融领域进一步落实对外开放的大国承诺，将容纳更多境外主体参与国内不良资产市场，有利于促进我国不良资产行业健康发展，通过给予外资金融机构更大的准入机会，国内金融机构将能吸收国外在不良资产投行化管理处置上的经验。

同年2月17日，北京市金融监管局宣布，全球知名投资管理公司橡树资本（Oaktree Capital）的全资子公司，橡树（北京）投资管理有限公司在北京工商局完成注册。1995年成立的橡树资本（总部位于美国洛杉矶）管理资产规模达1200亿美元，这是国内第一家外资持牌AMC。

我和一些外资机构有过业务交流，和大家普遍预想的不同，外资机构资金成本并不低，虽然其资金来源多为养老基金、大学捐赠基金等中长期资金，但是经过分层后，投向特殊资产领域这块的预期回报率比较高，在10%以上，所以他们过来要了债权清单，报价有的也不如国内投资人高。这部分可能是囿于其估值模型与国内市场不适配，未来收益贴现后对现值收购成本要求比较高，总归很遗憾，项目谈得多、成功的少。

毋庸讳言，20世纪末中国不良资产行业刚刚起步，出现过一些低折扣转让的情形，但是随着这22年一步步探索发展，这种情况已经一去不复返了。外资机构与四大AMC、国内民间投资人相比，优劣势都很鲜明，劣势是外资机构对于国内司法环境、各级政府相对陌生，不如四大AMC、民间投资人熟悉；优势是四大AMC、民间投资人参与处置的大部分是以司法诉讼、公开转让为主，而外资习惯于用投行化思维进行整体开发，这是比较先进的，随着国内金融产品创新，可以预计在不远的将来，外资得心应手的投行工具会有机会在国内放开使用。

第二节 债务人

银行贷款成为不良贷款有许多原因。企业在经营蒸蒸日上的时候，是银行眼里的“香饽饽”，银行工作人员一般会主动上门授信，顺带再营销一下贵金属、保险、存款、基金定投、信用卡、工资代发等中收业务（中间收入业务）。一家银行如此，其他银行自然不能落后，国有大行、股份制银行、城商行、信用社、村镇银行纷至沓来，“众星捧月”，应该说，此时的金融供给特别是授信额度，很有可能是大大超过企业自身实际需求的。

企业拿到钱，不知投向何处，政府建议老板扩大产能，为的是增加税收和就业岗位，企业主自身定力不足，容易在没有仔细调研的情况下匆匆上马新的产品，埋下多元化投资抽干流动资金的种子。其他情况是有的企业用短期流动资金贷款去投建新厂房，变成难以变现的固定资产；有的投入房产行业，跑去中西部某个县城，以招商引资的名义开发个楼盘；有的挪用资金进入股市。上面几点基本上概括了大部分企业资金链断裂的主要原因。

当企业第一次利息没有按期偿还时，企业征信报告进入“瑕疵级”，这会引发各家银行的警惕，银行争先恐后从企业收回贷款，发生“踩踏效应”，又从客观上加速了企业资金的枯竭，助推了不良贷款的最终爆发。某种程度上来说，银行风控部门事后如“惊弓之鸟”，而不在事前把控风险，自己把贷款催成了不良资产。

无法偿还贷款的“优质客户”，这下子摇身一变成了失信债务人，但这不代表他永远无法偿还欠款，就像一个正常人，突然感冒、咳嗽，去医院看病吃药以后，就能康复。

看待债务人的时候，我们要分成三个层次：首先，不歧视债务人。除了精心策划的逃废债以外，大部分债务人主观上都不愿意因为欠款上征信黑名单，成为一名“老赖”。这不仅和我国2000多年的儒家教育格格不入，也不符合经济人假设。我们应当理解，办厂创业，有成功自然也会有失败，而且从客观规律来说，是90%的失败和10%的成功。对于失败的企业，要允许试错，营造一个宽容良好的失败容忍氛围，失败要付出社会成本不可避免，但是如果人人都怕失败，就不会有第一个吃螃蟹的人。

其次，要动态看待债务人。现在还不上款，不代表以后还不上款；马上还不上款，不代表慢慢还不上款。我国诚信社会信用体系已经初步建立，在这样一个社会里，欠钱不还寸步难行，会被限制高消费，特别是有些债务人子女作为保证人的，他们有很强的意愿去偿还债务。

最后，要辩证看待债务人。有一小部分债务人，就是抱着“破罐子破摔”的想法，有恶意逃废债的动机，他们事先把能转移的财产都转移干净，只留下一个空壳企业给债权人，对待这类企业，就应该动用一切法律武器，坚决追偿债权本息，维护我国金融市场的秩序和法治权威。

追偿债务的方式，主要是三种：双方达成和解、法院居间调解、法院判决。双方达成和解，时间上最便捷，但是没有法律强制效力，容易毁约；法院居间调解，具备了强制效力；法院判决流程最长，对债权人而言，避免了与债务人进一步的冗长谈判。一个典型的司法流程，包括债权人向法院提起诉讼、申请财产保全、开庭审理、法庭判决、判决后申请强制执行、债务人上限制高消费名单（限高）、拍卖抵押物、保证人履行担保代偿责任。

除了追偿债务以外，金融机构还可以做好以下事项，帮助企业走出困境，避免企业彻底滑向清算注销：1.部分借款展期；2.斩断担保链；3.引入股权投资资金，替换银行有息负债；4.变卖企业固定资产；5.处置企业的非主业资产；6.寻找意向重整方；等等。

第三节　法院

在我国，人民法院独立行使审判权，整个法院系统由基层人民法院、中级人民法院、高级人民法院、最高人民法院四级组成。此外，还有一些专门法院，比如军事法院、海事法院、铁路运输法院、知识产权法院、金融法院等。法院内部机构设置完整，与不良资产相关的，主要是受理诉讼申请的立案庭（即窗口）、审理金融纠纷的民事审判二庭（即经常说的民二庭）和负责强制执行的执行局。

从2013年10月实施失信被执行人名单信息公布制度起，至2019年6月底止，全国法院累计发布失信被执行人名单1443万人次，累计限制购买飞机票2682万人次，限制购买动车高铁票596万人次，437万名失信被执行人慑于信用惩戒主动履行法律义务，各级法院的工作量之大可想而知。在浙江各基层法院，法官年人均办理案件200—300起，是比较常见的情况。

知识链接

杭州市中级人民法院部分内设机构

立案一庭：对本院依法受理的除刑事以及申诉案件、民事申请再审案件和行政申诉案件以外的各类案件登记立案；依法办理一、二审不予受理及指定管辖案件；办理减、免、缓交诉讼费、收退费等有关事项；办理上市公司涉诉情况查询；办理相关的请示案件；负责诉讼服务中心建设及导诉、资料收转、查询等立案窗口服务；负责12368司法服务的管理工作；负责法律援助中心驻杭州中院工作站的管理工作；负责集中管辖案件的审查、报批工作；开展多元化解和繁简分流及对基层法院的指导；办理其他有关的立案工作事项；负责法院专递业务。

民事审判二庭：审理一、二审涉银行、保险、票据、信托、证券、期货、基金、典当、小额贷款公司、担保公司、融资租赁公司等金融机构的商事案件，民间借贷案件，企业借贷等与融资理财有关的案件，除涉外民商事审判庭、清算与破产审判庭专属审理之外的其他商事案件；办理相关请示案件，指导基层法院相关工作；办理与前述商事审判相关的其他工作事项。

执行局：下设执行实施一处、执行实施二处、执行实施三处、裁决和综合管理处。领导、监督、管理全市法院的执行工作；依法执行本院第一审发生法律效力的民事、行政判决、裁定、调解书、民事制裁决定、支付令以及刑事附带民事判决、裁定、调解书中关于财产的决定；执行法律规定由本院执行的其他生效法律文书；办理保全事项；办理其他有关的执行工作事项。

知识链接

金融借款诉讼案件操作流程

1. 原告向法院提起诉讼和财产保全，要求债务人履行还款责任（本金、利息及孳息）；

2. 法院立案窗口接到起诉状等资料后，决定是否受理；

3. 法院受理后，向原告寄送《案件受理通知书》《交纳诉讼费用通知书》；

4. 原告拿到了诉讼案号，收到《交纳诉讼费用通知书》次日起的七日内完成缴费；

5. 如果没有在规定期限内缴费，案件做撤诉处理；

6. 法院收到诉讼费后，排期开庭，向原被告寄送开庭《传票》；

7. 原被告或其代理人于规定时间到达法庭参与开庭，双方验明身份，提出诉讼请求、质证辩论、总结陈述，法官宣布休庭；

8. 主审法官在事实和证据的基础上，宣布判决；

9. 原告获胜，向法院申请强制执行被告名下的财产，以偿还欠款；

10.被告不服判决的，可以在收到判决书起的15日内向上一级法院提出上诉；

11.双方也可以在法院的主持下当庭和解，自行协商还款时间和计划，法院出具调解书；

12.执行局受理强制执行申请后，查询被执行人（被告）的财产情况；

13.法院组织评估机构对被执行人名下财产展开司法评估；

14.评估价值确定后，挂上网络拍卖平台竞价，价高者得；

15.处置回款，在最高额抵押金额内，优先偿还抵押权人，剩余有多的部分，按比例在其他债权人间分配；

16.所有财产执行完毕后，被执行人确实无可供执行的财产了，法院向申请执行人（原告）告知终结本次执行程序，待有新的财产发现时恢复执行。

第四节 破产管理人

债务人破产的案件，由法院交给破产管理人去负责，国内是从2006年开始实行这项制度。破产管理人获得法院授权开展工作，接受法院、债权人会议的监督，在破产程序中处于某种中心位置，发挥了相当大的作用。破产管理人一般由律师事务所、会计师事务所等拥有资质的专业中介机构担任。

知识链接

企业破产案件流程

1.债权人以债务人资不抵债、无法偿还到期债务为由，向法院申请债务人破产清算。

2.法院受理后，经过审查决定是否受理破产申请。

3.法院认为债务人符合破产情形的，摇号或者轮流选定本案的破产管理人。

4.管理人入场接管企业的公章、财务章、账本等，向各债权人发送申报债权通知书。

5.债权人申报债权，管理人审查债权，同时穷尽一切方式查询债务人的财产情况。

6.经过一段时间的梳理，管理人提议召开第一次债权人会议。

7.在第一次债权人会议上，一般要讨论债权确权、通报债务人财产状况、汇报管理人履职情况、审议并表决财产变价方案、审议并表决财产分配方案、审议并表决管理人报酬方案、选举债权人委员会。

8.表决通过，管理人开始拍卖债务人名下的所有财产，追讨债务人对外的应收账款。

9.表决不通过的，管理人可以请求法院裁定。

10.财产拍卖完毕，按照拖欠工资、税款、工程款、优先债权（有抵押物的债权）、普通债权（保证债权、信用借款）的不同分组，以不同的比例偿付本金。清偿顺序首先是工资、税款、工程款在实践中往往优先于抵押权，可以获得全部清偿；其次是优先债权，在最高额抵押范围内获得清偿；最后还有剩余的用于偿还普通债权，一般清偿比例都比较低，少则为0，多则为本金的10%。

11.全部分配完毕，管理人向法院汇报，法院裁定债务人破产终结。

12.管理人不是免费付出劳动，要收取管理人报酬，这个比例是可以和债权人协商的，其中的博弈之道，大家可以自己在实操中把握。因为要先谈好管理人报酬比例，才能领取分配款，如果你急着领取回款，管理人会抓住这种心态让你支付不菲的报酬。

13.除了破产清算外，还有一些资质较好的债务人，法院会同意引入第三方实力雄厚的企业对其开展破产重整，帮助它恢复活力，重新回到市场。

第五节　各级政府

《中共中央关于制定国民经济和社会发展第十四个五年规划和二〇三五年

远景目标的建议》指出，要“坚持和完善社会主义基本经济制度，充分发挥市场在资源配置中的决定性作用，更好发挥政府作用，推动有效市场和有为政府更好结合”。

可以说，我国政府通过制定“五年规划”，以财政、国有企业、工业园区、银行、重大项目为抓手，深度影响国民经济发展的方方面面。

改革开放以来，各级政府除了管理社会以外，发展经济的职能也日益重要。一家企业经营良好，能带来税收、投资和就业岗位，自然受到政府的扶持；相反，企业效益下滑，发生流动性危机，甚至成为“老赖”，对一方经济产生负面冲击，政府也愿意帮助企业渡过难关。

在日常工作中，各级政府部门，包括分管工业或者金融的政府副职领导（副省长、副市长、副县长、副镇长）、金融办、帮扶办，与AMC有较为频繁的互动。各级政府希望AMC能够帮助企业走出困境，化解区域金融风险，这与中央对四大AMC的定位不谋而合。但是，如果债务人主观目的不纯，想要恶意逃废债，AMC为了守护国有金融资产安全，自然是不存在能够妥协让步的空间。

第四章　收购不良资产

第一节　银行向AMC发出邀请

当银行发放出去的贷款收不回来，成为不良贷款，贷款就从银行业务部门转到资产保全部门，由资产保全部负责继续清收。资产保全部可以选择向法院起诉催收，也可以对外转让债权。银行总行会综合考虑当年需要实现的利润数、监管部门不良率考核指标，每年向各个省分行下发一个转让限额（对不良率低的分行，则是必须腾出的转让任务），然后各个分行开始安排计划，瞅瞅自己的存量中有多少逾期贷款。还记得第一章说过的知识点吗？3户（含）以上债权组成一个资产包，这里的“3户（含）以上”，应该理解为“向3个不同债务人发放的贷款”。银行向同一个债务人发放的3次贷款，不算3户而是算1户。有的银行更审慎些，3个债务人如果属于关联企业，也看成1户。

选择好哪几户债权打包后，接下来还要确定一个基准日。基准日是资产包内所有债权计算本金、利息的截止时间，这在第一章已经学习过了。基准日确定后，算出每户债权到这一天的债权金额（本金、利息和孳息），这样整个资产包的总债权金额就出来了。分行把这个清单逐级上报，总行审批同意后，资产包封包，里面的债权户数、金额一般就不会再发生变动。

封包后，银行向AMC发出《邀请函》，邀请AMC参加这个包的尽职调查。AMC收到银行的《邀请函》以及债权清单，决定是否参与尽调和报价。是否参与，取决于项目时间够不够、债务人情况、抵质押率高低、抵押物分布在省内还是省外、债权户数多少、债权金额大小、贷款发放的时间等诸多因素。

《邀请函》是正式行文，上面会载明这次资产包的总金额、报名时间、报名方式、注意事项和联系方式。如果有意向参加，需要回函银行出具一份《邀约确认函》和《保密承诺》。分行收到《保密承诺》后，向AMC发送电子版的信贷档案资料，包括借款合同、保证合同、抵押合同、产权证书、借款人主体资料、公司章程、营业执照、自然人身份证、财务报告、诉讼资料，作为AMC估值的主要依据。

第二节 现场尽调

AMC收到信贷资料后，银行会组织各家AMC进行一次现场尽调，这个过程可以类比想象成一次“旅行”，当然尽调比旅行累很多。

在这趟“旅行”中，银行工作人员是向导，各家AMC是游客，分散在不同区域的抵押物是一处处景点，尽调的大部分时间都是在大巴车上度过的，每到达一个抵押物，下车拍抵押物照片，然后返回车里，去往下一个抵押物。整个行程视抵押物多少，需要花费的时间有长有短，短的当天来回，长的需三天到一周。除了抵押物，银行有时也会安排去债务企业、保证企业的经营现场看一看。

尽调过程中，能了解到多少有价值的信息，这个最考验本领，是项目经理的“核心竞争力”。粗心的项目经理走马观花，拍照完事儿；细心的项目经理通过有意识的提问，往往能发现许多有价值的第一手信息。

近年来，随着互联网技术的进步，网上其实可以搜索到大部分抵押物的照片、位置，那么还要去现场尽调的意义是什么呢？因为只有去现场，才能感受到抵押物所处的真实环境氛围，它是在城镇、商业区，还是在乡村郊外，周边人流量密集还是稀疏，这种东西在办公室电脑前面是无法获得的。简单说就是“百闻不如一见”。

现场尽调有哪些内容呢？包括抵押物现状、位置、周边商业氛围、人流量、是否有租赁、是否有违建、是否沿街、所在楼层、新旧程度等。这几年，厂房、住宅相对容易去化，商铺、办公楼、酒店比较难处理。抵押物的租赁情况是需要关注的大问题，租赁是在银行放款前还是放款后出租的，租期是长是短？有的租期到2030年，这种抵押物位置再好，买受人买走后用不了，自然价值上也要大打折扣。

知识链接

抵质押物去化难易程度

用　途	去化难易程度	备　注
住宅	容易	面积小、位置好、周边配套设施齐全的，价值大
工业厂房	容易	面积小、位置好、周边交通运输方便的，价值大
排污权	容易	指标紧张，受到企业主追捧
公寓	中等	升值慢，收租金为主
办公楼	中等	升值慢，收租金为主
酒店	中等	用途受限
商铺	中等	升值慢，底层、沿街商铺的，价值大
上市公司股权	中等	转让有比例限制
海域使用权	难	用途受限
机器设备	难	用途受限
未上市公司股权	难	很难变现，估值难度大
应收账款	难	真真假假无法查证
其他	难	矿权、林权、专利使用权，用途受限，没有全国统一的质押登记机构

抵押物尽调，请注意以下四点：

1.位置，是在市中心、镇上、园区里还是在大山上。同样是住宅，北京二环内的房子每平方米可能卖到18万元上下，向东北自驾1700公里到达美丽的黑龙江省鹤岗市，一套350平方米的复式房子，却只需要15万元。厂房在工业园区内的价格高，因为园区配套成熟，往往上下游供货商就在左邻右舍，可以省下大量运输成本和时间。商铺、写字楼，人流量多寡是关键，临街底商与二楼的价值就有很大差别。

2.使用性质，是住宅、商业、工业还是旅游。这几年，住宅、厂房的去化还是很快速的，司法拍卖一套住宅，相较于正常二手房交易，知道的人少一点，有时真能遇到捡漏赚到便宜的。另外，像北京、上海、杭州等限购的大城市，2021年新政以前，法拍房不受政策限制，没有户籍也能参与竞拍，自然多了很多“拥趸”。倒是随着网上购物、网络办公的替代效应，商场、写字楼供大于求，有的连招租、招商都成问题。

3.现状，是空置、自用还是出租。空置的干干净净比较好处理，自用则要关心是不是债务人名下的最后一套住宅，实际案例中很多债务人年迈的父母住在里面，虽然法律上没有规定，但是从道义角度看，很难让其搬出。出租的，要问清租赁权是在抵押前还是在抵押后，抵押后出租的不可对抗银行抵押优先权，抵押前就已经存在出租的比较麻烦，承租方一方面占据房产拒绝腾退，另一方面以租赁权提出执行异议，将使债权人陷入被动，大大阻滞司法流程。另外，如果分散出租给多个企业或者自然人，沟通协商成本也会增加。

4.瑕疵，没有出入口、违建越界、打通布局、私自分割、一房多售都是问题。这里瑕就掩瑜了，厂房的出入口如果不在产权证内，买了厂房却进不去，将大大影响法拍投资人的热情，特别是不具备人脉的外来投资者，往往认为自己摆不平，就不会选择投资这里。比如，有个厂房位于工业园区内，建造得很规整美观，按理说价格不会低，但是整个厂区按照前中后分成三块，抵押给三家银行，位于中间的抵押物没有出入口，人车都进不来也出不去，就是很大的缺陷，或者可以选择“柏林空投”吧。违建到别人产权证上的、建筑整层打通成一体的、自己造墙分割的，甚至房子已经私下卖给第三方的，都是很重大的不利因素。

现场还有可能要调查债务企业的经营情况。企业是热火朝天正常经营，还是勉强维持仅存的订单，抑或是已经“关门放狗”。一般来说，企业不会愿意让陌生人进厂参观，更何况企业陷入困难，老板需要清静，所以在厂房外面看一看就行了，企业没有义务配合你的调查。

有的书上说，站在企业门口，待上一天，数数一天有多少货车开进去、开出来，推测企业的发货量，这个是比较细致的尽调了。和门卫、保安攀谈几句这类所有信贷书籍都会提到的经典操作，就不提醒了。条件允许的，在尽调时可以叫上评估公司一起去，他们比较专业，可以为你提供有用的参考数据。

舟山市的海岛、台州市的商场、诸暨市的酒店、上海市的商铺、芜湖市的住宅、宿迁市的家具市场、常州市的五金市场、温州市的工厂、越城区的写字楼、柯桥区的养老院，每次尽调都是一场“说走就走”的旅程，经常是早上出发，晚上到达。入住酒店办理完登记，与同事二人（双人尽调原则）出门信步走走，在陌生的城市里，月光和路灯的光亮倾泻在道路上，投射出我们长长的影子。还记得2020年3月新冠肺炎疫情期间，我和同事戴着口罩，驱车上千公里，到苏北尽调一个银行资产包，每到一个新的城市住宿，就要重新申请一个健康码，这种经历非常独特，在我脑海中留下了极深刻的印象。

第三节　撰写收购方案

尽调结束，拍了一堆照片，该回到办公室好好写“行程观后感”啦。收购方案的内容是对各户债权的分析和估值，在制作收购方案的过程中，你会用到很多辅助工具。

知识链接

撰写收购方案时可以用到的辅助工具

工具	用途
银行信贷档案	贷款确权
抵质押物权证	贷款确权
国家企业信用信息公示系统	企业基本情况
Wind	企业基本情况
中国裁判文书网	诉讼情况
动产融资统一登记公示系统	质押物是应收账款
中国债券信息网	企业发债情况
上海证券交易所、 深圳证券交易所	企业是上市公司、 质押物是上市公司股权
百度、微信公众号	企业新闻

方案写好，建议对其中的数据反复核对几遍，一处疏忽都可能影响整个资产包的报价。在撰写方案中，请注意以下几个原则：

1.判决书最大。一份判决书，包括开头、正文、判决三部分。开头列明原告（比如银行）、被告（债务人、保证人、抵押人）的基本情况，正文回顾银行放款事实和要求被告履约的诉讼请求，文末法院根据双方递交的证据宣布判决。判决书的作用在于正式确认了银行的放款事实和受偿权利，经过判决的案子涤除了各类隐藏法律风险，银行资料与判决书不一致的，切记以判决书为准。

2.明确担保范围。案件如果还没有经过判决的，更要仔细查看银行贷款资料中的细节。比如，银行对老王的公司授信了3000万元，但是分成3次发放，每次各1000万元，公司用名下房产提供了最高额5000万元的抵押担保，一定要看清楚抵押担保的债权是对整个3000万元贷款，还是只对应其中单次的1000万元。

3.要素是否齐全。比如，银行对一个到期的借款重新展期了一年，原来对应的保证人、抵押人应该重新签名确认，否则存在脱保的风险。比如，放款银行是杭州分行，他项权证上登记的抵押权人却是总行，这样主体不一致，后续在司法处置过程中，被告很可能以此理由提出异议，造成案件陷入停滞。

第四节 投标

到了银行投标日，前期尽调结果形成的报价，此时要派上用场了。投标一般分为现场投标和网络投标。一是现场投标。AMC在投标这一天，到银行参加竞价。银行会聘请公证处公证，有的全程录像留档，以保证转让过程的公平、公开、公正。AMC依次排开入座，主持人上台宣布投标开始。价格是投标的灵魂。银行事先设置了资产包的保留底价，对大家保密，按照竞价规则，报价最高且高于银行保留底价的AMC中标。换句话说，报价最高者，如果报价低于银行保留底价，还是不会成交。

公证人员上收AMC的报价单，每个报价单放在一个密封盖章的不透明信封里，公证人员收齐后，一般现场开标。开标的过程是，拆开每家公司的信封，唱标（读出每家公司的报价），然后拆开银行的底价，按照上一段描述的规则，直到出现唯一一个中标方。每次投标，都会出现意想不到的中标人。

二是网络投标。近年，中小银行有青睐网上投标的趋势。原因不外乎以下几点：1.互联网对所有传统行业的改造，我们受益于信息化这个第三次工业革命浪潮，所有信息向网上迁徙是必然的；2.网络的公开性、便利性、留痕、操作简单，比起组织一次现场招标会，显得更为周到；3.淘宝网拍卖平台，经过多年的市场检验，已经逐渐为大众所熟悉，有人每天蹲在上面准备淘宝贝；4.其他新的网络交易平台也在迅速发展。网络投标与现场投标，规则差异比较大。

现场投标是暗标，各自报一口价，在极端情况下，第一名的出价可能比第二名多1元，也可能比第二名多上千万元，多了上千万元，第一名也得支付。而网络报价是交替加价机制，比如起拍价是8000万元，加价幅度10万元/次，前后两个报价只可能差10万元，这样，就不可能发生第一名比第二名多报价上千万元的情形。现场投标和网络投标在实践中各有利弊，现在的主流仍是现场投标。

第五章　投后管理与处置不良资产

第一节　司法诉讼

收到贷款后，AMC应当第一时间向法院提起诉讼，取得法院确权判决，操作流程见第一部分第三章第三节，本节主要介绍诉讼中应该注意的一些重点事项。

一、管辖法院

不要小看管辖法院，确定管辖法院是非常重要的一个环节。不同法院对于同一个案件，从不同的侧重点出发，可能会推导出完全不一致的判决。

银行为了避免债务人提出“管辖权异议”，事先在《借款合同》中就约定清楚，贷款出现风险后，由银行分支行（贷款人）所在城市的人民法院管辖案件审理工作，而不是由债务人（借款人）所在城市的法院负责。

举个例子，一家山东企业向某银行杭州分行借款未还，如果不事先这样约定，杭州分行的工作人员得坐飞机去山东的法院起诉，这对于银行而言，大大提高了维权成本。

1.一般的民事案件都由基层法院审理，案值金额超过一定数额，由中级人民法院审理。2.两个以上人民法院都有管辖权的诉讼，原告可以向其中一个人民法院起诉，向两个法院起诉的，由最先立案的人民法院管辖。3.如果债务人涉及两个及以上基层法院的，由上一级法院指定某基层法院统一管辖即“指定管辖”，或者由上一级法院统一审理，即“提级审理”。

二、诉讼时效

诉讼时效也是需要注意的。2021年开始实施的《民法典》规定，向人民法院请求保护民事权利的诉讼时效期限为三年。也就是说，从贷款发生逾期开始的3年内，必须向法院提出诉讼，超过3年后，诉讼时效过期，债权人就丧失了通过司法途径催收的权利。

1.贷款逾期日，既可以是《借款合同》上载明的借款到期日，也可以是银行宣布的提前还款日。银行《借款合同》中往往会设置“违约条款”，债务人在发生重大负面变化的时候，银行有权提前宣布贷款到期，要求债务人提前归还所有贷款金额及利息。这个条款赋予了原告不用等到贷款到期，就可以提起诉讼的权利。

2.债权发生转让的，通过公告、送达通知书等方式，诉讼时效中断，重新开始计算。所以，在收到债权后第一时间一定要刊登公告、发送催收通知书、变更诉讼主体。需要特别提醒的是，其中“发送催收通知书”的效力优于“刊登公告”，因为《民法典》第六百九十六条规定，“债权人转让全部或者部分债权，未通知保证人的，该转让对保证人不发生效力”。在新的司法解释或者司法政策出台之前，直接通过公告方式进行转让通知和债权催收，可能无法对债务人、担保人产生法律效力。为避免因采取公告方式进行转让通知及债权催收导致法律效力落空，应当尽量发送催收通知书。

三、计算罚息、复利、迟延履行金

在起诉状中，要列明需要债务人偿还的贷款金额，包括逾期本金、利息、罚息、复利。判决后，如果被告在规定期限内仍未偿还贷款，被告需要向原告加倍支付迟延履行金，以示惩罚。

罚息与复利：贷款人未按规定期限归还银行贷款，银行按与当事人签订的合同对失约人的处罚利息叫银行罚息。如果在还款期内拖欠本金，要按照中国人民银行规定的罚息利率按日计算罚息；如果是拖欠利息，要按贷款合同利率按日计算复利。

《借款合同》的“违约条款”中规定了罚息、复利的计算方式。借款到期（含被宣布立即到期）借款人未按约偿还的，贷款人有权自逾期之日起按本合同约定的逾期罚息利率计收罚息。对借款人未按时支付的利息（含罚息），按逾期罚息利率计收复利。罚息/复利的结息规则适用本合同所约定的利息的结息规则。借款人未按本合同约定用途使用借款的，贷款人有权自借款被挪用之日起，对挪用部分按本合同约定的挪用借款罚息利率计收罚息，借款被挪用期间未按时支付的利息（含罚息），按挪用借款罚息利率计收复利。罚息/复利的结息规则适用本合同所约定的利息的结息规则。

一般来说，逾期罚息利率是在借款利率基础上加收50%，挪用借款罚息利率是在借款利率基础上加收100%。假设借款利率是年化5%，那么逾期罚息利率是年化5%×1.5即年化7.5%，贷款挪用罚息利率是年化5%×2即年化10%。需要说明的是，关于逾期罚息利率和挪用借款罚息利率的正式规定，在《中国人民银行关于人民币贷款利率有关问题的通知》里，逾期贷款（借款人未按合同约定日期还款的借款）罚息利率为在借款合同载明的贷款利率水平上加收30%—50%；借款人未按合同约定用途使用借款的罚息利率为在借款合同载明的贷款利率水平上加收50%—100%。对逾期或未按合同约定用途使用借款的贷款，从逾期或未按合同约定用途使用贷款之日起，按罚息利率计收利息，直至清偿本息为止。对不能按时支付的利息，按罚息利率计收复利。读者如果哪天有空，可以去各家银行要一份贷款合同模板看看，如果哪家的罚息利率上浮30%，大家必须要去找这么善良的银行贷款。

迟延履行金：迟延履行金是很多人会忽视的正常权益，是债权人在判决后的权利。被执行人未按判决、裁定和其他法律文书指定的期间履行给付义务的，应当加倍支付迟延履行期间的债务利息。被执行人未按判决、裁定和其他法律文书指定的期间履行其他义务的，应当支付迟延履行金。

知识链接

迟延履行金的起算日

迟延履行金的起算日为判决生效日+付款日，判决生效日为判决书最后一段的那句“送达之日起15日”，这个15日一般是固定的；付款日为判决事项的第一段那句“款限本判决生效之日起十日内付清”，这个10日是可以变化的，有的判决书是5日，也有其他的。

假设判决书落款日为2020年10月17日，判决书最后一段为“送达之日起15日”，判决事项第一段为“款限本判决生效之日起十日内付清”，则迟延履行金的起算日为2020年10月17日+15日+10日，即2020年11月11日。

知识链接

罚息、复利、迟延履行金的计算公式

罚息=逾期本金×罚息利率×逾期天数/360

复利=逾期利息×罚息利率×逾期天数/360

迟延履行金=逾期本金×迟延天数×1.75/10000

四、起诉中涉及的要素

起诉涉及的要素	介　绍
管辖法院	银行分支行所在城市的法院
诉讼时效	逾期之日起三年内

续表

原告	债权人、银行、AMC、贷款人
被告	债务人（借款人）、保证人、抵押人
原告、被告的代理人	可以是双方的员工，也可以是聘请的律师
债务人需还的总金额	本金＋利息＋罚息＋复利
保证人需还的总金额	以其保证合同约定的金额为上限 分为一般保证、最高额保证、连带保证三种
抵押人需还的总金额	抵押物处置回款，以其抵押合同约定的金额为上限 分为一般抵押、最高额抵押两种

五、准备起诉资料

我们可以按照下表一起尝试着准备起诉资料，资料可以选择亲自送到法院，也可以选择邮寄到法院立案窗口，还可以通过微信小程序立案。拨打12368司法服务电话，选择相应法院，可以问到立案窗口的联系方式。

递交的资料	作　用	原件 / 复印件	份数
起诉状	陈述借贷事实，要求被告还款	原件	所有资料：法院1份，每个被告1份，原告留底1份
证据目录	证明借贷行为成立	原件	
本金利息计算表	截至起诉日所有的逾期本金、利息、孳息	原件	
授权委托书	原告的代理人	原件	
代理人身份证	代理人身份信息 代理人可以是公司员工，需要提供劳动合同或者社保证明；也可以是聘请的律师，需要提供律师执业证书	复印件	
送达住址确认书	法律文书送达给原 / 被告的住址	原件	
银行账户确认书	原告的银行账户，用来收款	原件	
营业执照	原告的主体资料	复印件	
法人代表证明	证明原告单位负责人	原件	
法人代表身份证	原告单位负责人的身份信息	复印件	

续表

递交的资料	作　用	原件 / 复印件	份数
金融许可证	查封财产时用到 没有金融许可证的原告查封被告财产，需要提供价值和被查封财产同等金额的担保，比如房产证；有金融许可证的，不需要提供担保措施	复印件	
财产保全申请书	建议在起诉的同时，一并提交《财产保全申请书》，查封被告名下的财产	原件	

六、收到立案通知书

立案窗口受理起诉资料后，决定是否立案，不予立案的退回，准予立案的，会向原告发送《受理案件通知书》和《交纳诉讼费用通知书》。《受理案件通知书》右上角是案子的编号，《交纳诉讼费用通知书》上写明××单位，你与××企业、×××、×××金融借款合同纠纷一案，现已立案。你应当交纳案件受理费××元，申请费0元，保全费5000元，保证金0元，其他诉讼费0元，合计××元。限你于收到本通知书次日起七日内按如下所列账户向本院预交。期满仍未预交的，按撤回起诉处理。

收到通知书次日起七日内必须完成交纳诉讼费用，超过时间法院会视为原告撤诉。现在很多手机APP都有计算案件受理费的功能，输入案件标的金额（包含逾期本金、利息、罚息、复利的合计数），系统会自动计算出需要交纳的受理费用，保全费一般都是5000元。手机APP计算得还是很准确的，和法院寄过来的《交纳诉讼费用通知书》上的诉讼费用金额基本一致。

七、开庭

诉讼费按时缴纳后，法院向原告、被告邮寄开庭《传票》，《传票》上记载了开庭时间和在第几号法庭开庭。庭审的座次安排是双方在法庭两边，法官居间，书记员负责记录，其他人在旁听席就坐。

知识链接

庭审流程

1.法官核对双方身份，包括代理人身份，确认无误后，宣读法庭规则，宣布开庭；

2.原告和被告双方陈述事件经过、各自的理由、诉讼请求；

3.双方向法院提交各自的证据原件，包括借款合同、保证合同、抵押合同、产权证等；

4.对双方不同的表述，双方展开辩论；

5.双方做结束发言，确认各自的诉讼请求；

6.双方可以找到令对方满意的解决方法的，法官居间调停，双方达成调解；

7.双方要求差距甚远的，法院休庭，择期判决。

八、收到判决书

法院依据事实和证据，独立作出判决，双方在收到判决书起的15日内，不服判决的，可以向上一级法院提起上诉。一般地，法院大多会支持银行的正常诉讼请求，以维护我国金融市场的稳定和法律的严肃性。当然也会有个别例外的情况，银行在发放贷款过程中，如果确实存在瑕疵，比如债务人没有签字、抵押物存在其他优先顺位、贷款资料是伪造的等，银行会被判决败诉。

九、申请强制执行

判决生效后，债务人除了需要归还债权本金、利息、罚息、复利外，还增加了承担迟延履行金的义务，按照日万分之一点七五来计算。此时，案件从审判庭按程序转到法院执行局，债权人向法院执行局递交强制执行申请书，要求法院拍卖债务人名下的财产，以弥补借款损失。

十、申请自然人列入失信名单、限制高消费

对于债务人的法人代表、自然人保证人，法院按照判决结果，将未履行还款责任的人列入失信人名单，也就是通俗说的“老赖”，并挂网公示。同时，采取限制高消费措施，不得有以下高消费及非生活和工作必需的消费行为：

乘坐交通工具时，选择飞机、列车软卧、轮船二等以上舱位
在星级以上宾馆、酒店、夜总会、高尔夫球场等场所进行高消费
购买不动产或者新建、扩建、高档装修房屋
租赁高档写字楼、宾馆、公寓等场所办公
购买非经营必需车辆
旅游、度假
子女就读高收费私立学校
支付高额保费购买保险理财产品
乘坐 G 字头动车组列车全部座位、其他动车组列车一等以上座位等其他非生活和工作必需的消费行为

十一、对抵押物进行司法评估和拍卖

法院利用互联网系统，可以查询债务人名下在各家银行、房管局、证券交易所、支付宝、微信、车管所等的财产情况。对于银行存款、支付宝余额、微信余额，可以直接扣划用于还款；对于房产、车辆、股权等资产，委托评估公司进行价值评估，估值结果作为拍卖依据。

司法评估价的70%，作为第一次拍卖（一拍）起拍价，竞拍时间24小时；一拍流拍的，以一拍流拍价的80%作为二拍起拍价，竞拍时间24小时；二拍流拍的，以二拍流拍价作为变卖起拍价，竞拍时间60日；变卖流拍的，法院询问债权人是否愿意接受以物抵债，如果不愿意，则终结本次执行程序，待发现有其他可供执行财产时可以恢复执行。

第二节 分类对待与各方博弈

在司法催收的同时，可以把收到的债权梳理一遍，并区分成不同类别，不同的分类决定了后续完全不同的处置思路。总的来说，可以分成三大类，即市场出清型、实施救助型、长期合作型。

满足以下三个条件中任意一个的，应当及时被出清。1.债务企业所在的行业是产能过剩行业，行业本身需要通过兼并重组，淘汰重复的产能，留下头部企业；2.债务企业技术落后、污染环境，不利于国民经济转型升级；3.债务企业经营性现金流为负，产品没有销路，在市场的博弈中没有生存下去的能力。对“市场出清型”企业的救助是不必要的行为，一来不应当，二来即使实施救助，它们也难以为继，不如移出给到它们的稀缺金融资源，转给经营良好的优秀企业。对于这类企业，AMC应该加快推进司法进程，或者转让给下家，实现快进快出，让市场的手自动发挥作用。

企业经营性现金流为正，也即具有持续生存能力，只是因为短期资金链周转出现了问题的，AMC可以对其采取罚息减让、时间展期、分期还款、停息挂账、债务重组、斩断担保链、利率置换、收购其他债权、债转股等方式，帮助企业走出困境。

首先，项目经理要对企业进行一番深入的调研，与企业主沟通座谈，切实了解发生资金危机的缘由。这类缘由五花八门，包括购置了厂房、生产设备等无法变现的固定资产，受新冠肺炎疫情、贸易摩擦影响，担保企业出险被牵连代偿，发生重大负面舆情，实控人突然死亡，把控家族的兄弟闹矛盾，重大投资失误，产品摊子铺得太大，等等。

其次，分析企业的行业格局是否出现不可逆的重大不利变化。包括产品被替代了，比如苹果智能手机的出现，导致诺基亚手机消失；出现了超级强大的竞争对手，一个降维打击，其他企业要“团灭”的节奏；这个行业本身不复存在了，比如P2P公司被监管部门清零；等等。

最后，了解企业实控人的能力、品格、意愿。企业终究是“人”在做，企业主发挥了举足轻重的作用，他的领导力、执行力、分配任务能力、营销能力、是否赌博、还款意愿、东山再起的韧性等，对企业至关重要。俗话说“否极泰来”，世上事物都是两面的，利空中酝酿利好，利好中存在利空，在好与坏的纠缠中波浪式前行。项目经理在与企业主交谈的时候，要留心观察他的主基调，是垂头丧气、郁郁寡欢，还是“泰山崩于前而不乱”，心态依然积极开朗，已经规划好如何走出困境。

前几年流行这么一句话，雪崩的时候，没有一片雪花是无辜的，也没有谁能置身事外。遭遇市场流动性收紧错杀的好企业，机缘巧合下从银行来到AMC，这时项目经理要有一双善于甄别、发现的慧眼，因为正常情况下，AMC和它们是没有交集的。对这类公司，建议AMC本着长远的角度看问题，每一次买入资产包、卖出资产包，并不是“挥一挥衣袖”，什么也不要留下，AMC不能当徐志摩，这是一个去粗取精的过程，筛掉经营有问题的坏企业，保留经营良好的优质企业，通过债转股、定增的方式，形成利益捆绑，分享企业发展红利。对于不同类型的债务人，要学会分类处理，总结起来就是卖掉差企业，拉一把困难企业，留下几个好企业。

四家AMC经营业绩受到财政部考核，维护的是国有资产利益；债务人少还一部分债务，就卸下一部分负担，维护的是企业利益；市、县一级政府，帮助企业脱困，就能减少税收、投资、就业岗位、GDP的损失，维护的是市县利益；各级法院秉公办案，促进社会主义法治，维护的是制度利益。

在不良资产债务化解中，各方利益并不相同，甚至可能南辕北辙，如何协调大家的立场，在最大程度上呼应所有人的诉求，实现双赢或者多赢，这需要谈判博弈中的智慧。AMC作为主导方或者说发起者，既需要坚持原则，也需要体现适度的灵活性。对于债务人，AMC应该尽最大可能收回全部贷款本金，罚息孳息可以让利给实体；对于政府的合理关切，AMC要重视考虑，企业特别是在一个县、一个市里作出过较大贡献的企业，尽可能思考如何救助它，避免其走向破产深渊，当然，这也需要政府作出明确的承诺，双方共同使力，AMC单方面妥协让步的空间是有限的；对于法院，是根据当事人提交的证据独立判案，程序正义优先于道德是非，AMC应该尽量配合法院工作，及时递送资料、文书，同时如果法院判决不当的，应穷尽各种法律救济措施，提出异议、上诉，保证每一分国有金融资产的安全。

第三节 公开转让

对于华融、长城、东方、信达四大AMC，这里的投资人指省级持牌AMC、民间投资人和外资公司。如果把整个国民经济比成一个大水缸，各类企业是水缸里游来游去的鱼，银行、财政是给水缸加水，AMC则是给水缸排水、换水。只加水不排水，金融资源供过于求，只排水不加水，金融资源逐渐枯竭，都是不可持续的。只有水流动起来，企业才能源源不断获得新的养分，国民经济的大循环才能畅通。

所以在收到银行不良贷款后，储备起一个长期合作的投资人信息库很有必要。他们下沉到各个县、市，熟悉所在区域的资产行情、企业关系、政商资源，可以解决“最后一公里”问题。

第二章中已经交代过，民间投资人主要由三部分人构成，分别是经营实体成功的企业家，专门从事不良资产行业的客户，从银行、AMC、法院、律所下海的相关人员。不同的群体因为各自的不同经历，在购买不良资产过程中有不同的优势。

1.企业主。因为之前办厂的成功经验，他们熟悉企业运作需要涉及的注册、批许可证、纳税、买厂房、交水电费、申报补贴政策、雇工、购买原料、组织生产、运输、市场营销、发货等环节，可以推算债务企业的未来经营能力和大致还款能力。

2. 不良资产专业客户。他们专门从事这个行业，和AMC、银行、法院、政府多有来往，了解行业的基本逻辑，可以估出盈利的合理价格。

3. “下海”人员。这部分人就更加专业了，他们曾经是所在机构的中流砥柱，对于不良资产有着独到而敏锐的观察，但是离开了原有的平台，须知道业务开展不会像从前般行云流水，过往的业绩取得到底是个人能力不俗，还是平台给你机会，此时就要验证一番了。

这几年，随着房产、股市投资机遇减少，不少实体行业、私募基金都跃跃欲试，想要在不良资产这个大海里淘金。

民间投资人有两种投资风格。第一种是偏保守型，对每户债权都做了翔实的尽调，不求多只求精，买一单可以一击即中，实现比较好的投资回报，然后再做下一单；第二种是偏进攻型，一次性买下多户债权的组合，在资产包内各户债权之间腾挪调剂，形成短期、中长期回款的配套，投放、收持、处置，滚动式前进。上面两种类型，哪个更好一些？笔者认为是第二种，这更像是一个完整的业务模式，第一种有赌运气的成分，一单做不好，可能就陷入停滞。

但是大多数投资人其实都存在一个明显的不良资产投资半径现象，在这个半径里，他可以把控住风险。这是个很有意思的现象，像啤酒厂，我们知道是有运输半径的，超过一定距离，运费过高，就不划算。所以大家去看，基本是每个城市都有一家自己的啤酒厂，比如青岛有青岛啤酒，哈尔滨有哈尔滨啤酒，北京有燕京啤酒，兰州有黄河啤酒，重庆有山城啤酒。在不良资产行业，也有半径概念，投资人一般都会选择购买自己所在县、市的债权资产，一个佛山人坐飞机去买铁岭的不良贷款？好像真的很少。这是为什么呢，原因有两个。

首先，购买不良贷款的时候，你必须了解债务人所在城市的市场环境。不同的城市，资产流动性千差万别，比如温州人有钱，纯保证债权在温州大概率能全款收回，自然引发市场哄抢；比如绍兴、萧山因为前几年先于全国爆发了担保链风险，经过这几年的市场教育，那里甚至出现了一批非常熟悉不良资产的投资人，他们理解不良资产不是催收讨债，而是一种化解债务后继续前行的手段。

其次，有些投资人会购买自己家乡城市的不良贷款。他生于斯、长于斯，有些债务人恰好就是隔壁王大爷或者同学之类的人，多少知道一些私人信息，买债权时心里有谱。

知识链接

AMC债权转让流程

1.投资人与AMC谈判，达成购买意向；

2.刊登处置公告，公告到期后撰写处置方案；

3.处置方案审批通过；

4.债权挂网展示；

5.经过充分营销后，市场潜在买家都知晓了债权信息；

6.约定某一天开始竞价，竞价时长一般是24小时，可以设置保留底价；

7.竞价开始，经过多轮加价，至最后一次延时结束，出价最高者且高于AMC保留价的中标；

8.也可能是只有一人出价，或者流拍；

9.中标后，双方签署转让协议、完成资金划付、刊登联合催收公告；

10.移交银行原始档案、他项权证、诉讼资料；

11.买受人及时向法院申请法律主体变更，成为新的债权人。

选择哪些债权转让，要考虑时间、难易、区域、潜力几个因素，最主要的一点是，债权出让方要保持定力，对自己的判断有信心，不能人云亦云。做任何事情，应该要自己动脑子，独立思考、推导，兼听而守正，心有中道，不偏不倚。

第四节 投资人如何盈利

我在工作中接触到许多民间投资人，大致可以分为四种。第一种是以自然人个人的名义来接洽；第二种是三五好友以一种合伙形式来接洽；第三种是有注册正式的公司，一般公司体量不大，做一单是一单，主要为“××投资公司”“××咨询公司”“××资产公司”“××管理公司”“××贸易公司”；第四种是某个大中型民营集团公司下成立的子公司，承担为该集团公司寻找优质另类投资标的的职责。

作为投资人，首先要考虑的一点就是自身流动性安全。不同于银行等金融机构，民间投资人的资金来源，主要是自有资金和对外拆借。自有资金主要是之前积累所得，对外拆借包括向朋友拆借、向亲戚拆借、向放贷机构融资等。对外拆借进来的资金成本至少在年化利率10—15个点或者更高，所以民间投资人从事不良资产行业，最先要考虑的，就是自身资金安全。不良资产作为另类投资标的，具有很强的非标准性和不可预测性，这种不可预测性既包括回现时间的不可预测，短的一个月就能转手，长的三年还躺在账上；也包括回现金额的不可预测，收益高的可以有五倍甚至十倍的利润，如果有重大瑕疵的，有可能一分钱也收不回。民间投资人对此要保持高度警惕，做好乐观和悲观两种情况下回现时间和回现金额的预测，合理安排流动性，总是保持一定的资金弹性，以免被高昂的利息拖垮。

第二点是细致尽调。不良资产从银行到AMC，先后历经银行客户经理、银行资产保全部门、AMC项目经理多轮次反复尽调，应该说已经挖掘出了尽可能多的细节，尽可能排除了法律瑕疵和重大陷阱，掌握了尽可能多的回款点。但是，工作既然是人做的，还是会有信息不对称情况发生。不良债权债务人的邻居、亲戚有可能知道一些重大情况，掌握这些就有利于你报出比别人高的价格，增加资产受让的机会。而且，翔实的尽调，能避免踩坑，实操中抵押物的缺陷不胜枚举。有的抵押物看产权证干干净净，结果到了现场一问，这个抵押物早已经被卖给工程公司冲抵工程款，根本就不存在，这种情况如果还按照抵押物正常价值估值，买到后基本是要认亏的。还比如诉讼时效是否超过、保证人是否脱保、债务人的签字是否真实、贷款展期后保证人是否重新签名、应收账款质押一年到期后是否续做，等等。

第三点是准备多种退出方式。正如第一点所阐述的，不良资产作为另类投资标的，具有很强的非标准性和不可预测性，民间投资人在看中一个标的后，应该多考虑几种退出方式，做好合理预案。现在我国不良资产市场的体量，相比20年前，相比国外，都是一个大块头，我看欧盟写的化解欧元区不良资产报告中多次提到一个建议，就是想建立一个欧元区层面的AMC公司和统一的不良资产市场，但是还远远没有实现。国内则不同，既有四大全国性AMC，又有58家区域性AMC，各省市都已经出现了许多民间投资机构，很多市一级的城投平台也在进入不良资产行业，网络平台有阿里、京东司法拍卖，有银登中心这些交易基础设施，退出渠道是很多的。司法诉讼、债权转让、抵押物抵债、分期还款等方式都可以一起考虑，有些还可以同步推进，提升成功处置的机会。

第四点是考虑好处置与持有的关系。不良资产行业本质上是在经济下行期收购，在经济上行期处置，这样一种模式。如果在经济下行期收购，隔几个月或者隔年就转让债权，经济大环境还在低迷中，那么这种买卖价差是微薄的，因为在经济下行周期内，广大投资者还是处于避险情绪中，对资产的估值势必是偏低的，必须等到经济上行，市场对资产的估值才会向上修复至合理水平。在资金充裕的情况下，可以考虑储存几个不良债权，待到经济繁荣时再出手。

第五点是谨慎对待追加投资。这也是一个博弈，工作中我遇到过有投资人展开反向收购的情形，即他先收购了债务人在A银行的不良贷款，然后又连续收购债务人在B银行、C银行、D银行的不良贷款，最终成为债务人的单一最大债权人。这样做的原因很明显，投资人对该债务人的资质、还款能力很有信心，或者是债务人找到该投资人，要求其如此做，双方商定以某一个折扣价格，一次性解决所有这些债务。投资人这么做，相当于把不同债权人的风险敞口加于自己一人身上，随着债权人主体变少，债务人很有可能撕毁原先的约定，因为他此时受到的司法压力轻了很多，所以对于这种反向收购，AMC可以做，民间投资人还是要谨慎一些比较好。

第二部分

案例解析篇

第六章　收购案例：某银行不良资产包

一、收到邀请函

2021年5月，某大型AMC接到某银行不良资产包的收购邀约。同年5月13日，该银行向AMC发去《杭州分行不良资产处置竞价及交易邀请》，询问AMC是否有意向参加本次不良资产包的尽调和投标。同日，AMC项目经理添加了银行资产保全部门业务经理的微信，简单询问了这次组包的基本情况，然后银行把组包的债权清单和信贷档案资料通过邮箱发给了AMC，资产包情况简单整理如下：

截至2021年××月××日，该银行持有的××户不良债权资产包，债权合计金额×××××万元，其中本金×××××万元，利息××××万元，垫付费用××万元。五级分类：资产包内××户债权中，××户为次级类，××户为可疑类。担保方式：资产包内担保方式为抵（质）押+保证的债权××户，保证债权××户。

二、现场尽调

5月17日上午，AMC两位项目经理早早来到该银行杭州分行，虽然叫“杭州分行”，其实这里是该行在浙江省的一级分行，实际上是“省分行”大楼，选址自然是在杭州寸土寸金的市中心繁华商圈。眼看离集合时间还早，两人准备把早饭给吃了，结果两人沿着马路走了很久都没有找到一家合适的中式早餐店，只得转进路边一家星巴克。一人一个三明治、一杯咖啡下肚，立马扫去了残存的睡意。集合时间到了，评估公司的两位评估师也赶到了，四人坐上银行安排的中巴车，与银行、其他AMC的工作人员一道，赶往第一个抵押物现场。

这个包的抵押物不多，共四处。第一处抵押物是借款人A名下位于浙江省湖州市长兴县某商业广场内的店铺，建筑面积××平方米，抵押担保金额××万元。商业广场距离杭州市101公里，中巴车顺着长深高速一路往北，晃了一个半小时。

湖州市位于浙江省北部、太湖南滨，东邻嘉兴市，南接杭州市，西依天目山，与江苏省的无锡市、苏州市隔湖相望，是长江三角洲中心区27城之一、环杭州湾大湾区核心城市、G60科创走廊中心城市，在宋朝的时候就已经流传着“苏湖熟，天下足”的美誉，经济富足古已有之。

长兴县是湖州市的下辖县，区域经济较为活跃，在中国社科院2020年12月发布的《2020年全国县域经济综合竞争力100强》中排名第30。尽调之前，项目经理就对长兴的电池产业有所耳闻，像国内知名的超威电池、天能电池，都来自长兴县，堪称占据了全国动力电池的半壁江山，2013年这里被授予“中国电池产业之都”的称号。

商业广场距县政府600米，开车只需要2分钟即能到达，初步估计区位条件较好。但是现场看来，情况并不乐观，许多小店铺都是空置状态，原因有几个：一是整体没有统一的规划，林林总总什么类型的店都有；二是缺乏可以支撑起人流量的大众品牌，比如星巴克、肯德基，顾客坐不下来，没有停顿逗留的去处。

对抵押物的初步判断，读者可以按照“城市经济发达程度—区县经济发达程度—抵押物区位—抵押物优点—抵押物瑕疵—抵押物变现能力”的框架层层递进。需要说明的是，这个框架在脑子中分析即可，不用画出来。

分析维度	信息获取渠道	信息描述	评价
城市经济发达程度	市人民政府官网	浙江省湖州市，长三角	好
区县经济发达程度	县人民政府官网	长兴县，全国县域30强	好
抵押物区位	导航软件	距县政府开车只需要2分钟即能到达	好
抵押物优点	现场尽调	面积小，相较大面积店铺容易转手	好
抵押物瑕疵	现场尽调	无瑕疵，权证清晰，没有权属纠纷	好
抵押物变现能力	现场尽调	商场人流量不大，现在是空置状态	一般

考虑到抵押物建筑面积只有××平方米，抵押担保金额××万元，其估值结果对于一个债权金额达×××××万元的资产包而言，基本上可以忽略不计。实践中读者对于这种抵押物，如果时间有限，也可以不必去现场，在网上搜索一下即可。

第二处抵押物是借款人B名下位于浙江省绍兴市柯桥区的沿街店铺，建筑面积××××平方米，抵押担保金额××××万元。抵押前出租，出租给一家连锁医院，租赁截止日期是2022年。

这里解释一下"抵押前出租"这个概念，"抵押前出租"指抵押物在抵押给银行之前，已经出租给第三方使用的情况。承租人（房产使用人）的使用权优先于银行的抵押权，这是银行抵押权的重大瑕疵，会带来三个不利后果：第一，在租赁关系存续期间内，承租人（房产使用人）可以继续使用该房产，直至租赁到期，银行作为债权人，无权干涉；第二，降低潜在买受人的购买意愿，如果银行要拍卖该抵押物，必须带租挂拍，买受人买到的房产，在租赁未到期前，无法任意使用；第三，如果承租人已经付清了多年租金，那么银行无法拿到以后年份的房租，如果承租人一年一付租金，那么银行可以拿到以后年份的房租。

知识链接

抵押权和租赁权

两种不同的情形	不同的结果
抵押后出租	办理完抵押登记以后，向第三方出租房产的，抵押权优先于租赁使用权，租赁权不能影响抵押权的实现，债权人可以要求承租人腾退
抵押前出租	办理抵押登记以前，向第三方出租房产的，租赁使用权优先于抵押权，影响抵押权的实现，债权人不可以要求承租人腾退

该沿街店铺距离第一处抵押物152公里，中巴车顺着长深高速一路南返，又开了两个小时。绍兴是长三角城市群重要城市、环杭州湾大湾区核心城市、杭州都市圈副中心城市，民营经济活跃，2020年国内生产总值（GDP）在浙江省11个城市中排名第四。柯桥区是绍兴的主城区，以纺织业为支柱产业，全国闻名的“中国轻纺城”就在这里。

沿街店铺距区政府2.4公里，开车只需要7分钟即能到达，区位条件较好。现场看来，也很理想，抵押物边上马路车水马龙，人来人往，是一处比较热闹的商业房产。抵押物建筑面积××××平方米，抵押前出租，出租给一家连锁医院。医院是朝阳行业，客群稳定，营业收入和利润丰厚，收入结构以现金和医保刷卡为主，基本没有应收账款，是相当好的长期租户。

按照“城市经济发达程度—区县经济发达程度—抵押物区位—抵押物优点—抵押物瑕疵—抵押物变现能力”框架分析结果见下表。

分析维度	信息获取渠道	信息描述	评价
城市经济发达程度	市人民政府官网	浙江省绍兴市，长三角	好
区县经济发达程度	区人民政府官网	柯桥区，民营经济活跃	好
抵押物区位	导航软件	距区政府开车只需要7分钟即能到达	好
抵押物优点	现场尽调	沿街店铺，马路上车水马龙	好

续表

分析维度	信息获取渠道	信息描述	评价
抵押物瑕疵	现场尽调	权证清晰，没有权属纠纷，但是抵押前出租，有一定负面影响	较好
抵押物变现能力	现场尽调	租金一年一付，买受人可以收租金，负面影响不大	较好

第三处抵押物是借款人C名下位于浙江省杭州市余杭区的住宅房产，建筑面积×××平方米，最高额抵押担保金额×××万元。目前是借款企业C的实控人夫妻自住。

杭州是浙江省省会、副省级市、杭州都市圈核心城市，是国务院批复确定的浙江省经济、文化、科教中心，长江三角洲中心城市之一，是环杭州湾大湾区核心城市、沪嘉杭G60科创走廊中心城市、国际重要的电子商务中心，是阿里巴巴、支付宝、吉利汽车、海康威视、网易等一大批知名公司的总部。2019年12月，中共中央、国务院印发的《长江三角洲区域一体化发展规划纲要》中，将杭州定位为特大城市。

余杭区是杭州市的下辖区，综合经济实力较强，在工信部赛迪顾问城市经济研究中心发布的《2020年中国城区高质量发展白皮书》的“2020年中国百强区”榜单中，排名第七。该小区距余杭区政府1.8公里，开车只需要7分钟即能到达，2004年建成，小区周边还算热闹。现场看来，小区内设球场，设施完善，有儿童娱乐设施、健身器材、跳舞小广场，车位紧张，租客多，周围银行、咖啡馆、药店、商场、公交车站、学校齐全。

按照“城市经济发达程度—区县经济发达程度—抵押物区位—抵押物优点—抵押物瑕疵—抵押物变现能力”框架分析结果见下表。

分析维度	信息获取渠道	信息描述	评价
城市经济发达程度	市人民政府官网	浙江省杭州市，浙江省省会	很好

续表

区县经济发达程度	区人民政府官网	余杭区，综合经济实力较强	很好
抵押物区位	导航软件	距区政府开车只要7分钟即能到达	好
抵押物优点	现场尽调	配套设施齐全	好
抵押物瑕疵	现场尽调	权证清晰，没有权属纠纷，目前债务人自住，如果是名下唯一住房，执行款中需要扣除一定金额，保障其租房	较好
抵押物变现能力	现场尽调	小区年限较长，属于老小区	一般

第四处抵押物包含两项，抵押物1是借款人D名下位于浙江省衢州市柯城区的酒店，建筑面积××××平方米，最高额抵押担保金额××××万元。抵押物2是借款人B名下位于绍兴市柯桥区的沿街店铺，合计建筑面积××××平方米，最高额抵押担保金额××××万元。抵押前出租，出租给一家连锁医院，租赁截止日期为2022年。

这里有一个概念，叫作抵押顺位。让我们一起回顾银行贷款产生的悠长历史。在一开始，借款人老王如果想向银行A贷款，银行A为了防控风险，会要求老王把名下的房子作为担保物抵押给银行A。假设房子评估价值1000万元，银行A就借给老王1000万元的60%即600万元流动性贷款，等到一年到期，老王偿还600万元本金和利息，银行A解除抵押，把房子还给老王。后来慢慢地，新的银行不停冒出来，银行之间的竞争越来越激烈，银行B想扩大贷款市场份额，经过介绍找到了老王，但是老王的房子已经抵押给银行A了，这时银行B就想出了一个办法，房子评估价值不是1000万元嘛，银行A只给你贷款600万元，你老王就把这套房子在我银行B这里再做一次抵押，我给你余值400万元的60%即240万元，这样，老王的一套房子就分别在银行A和银行B抵押获得贷款合计840万元，在银行A办理的抵押叫作第一顺位抵押，在银行B办理的抵押叫作第二顺位抵押，第一顺位的清偿顺序优先于第二顺位。

这么做，对于银行业而言，风险敞口实际上是变大了，如果房价下跌，房子的价值下穿到700万元，那么银行B的240万元贷款本金只能收回100万元，其余140万元将变成不良贷款，如果房子的价值下穿到600万元，那么银行B的贷款本金一分钱也拿不回来。

上面这个例子，是一抵、二抵分别发生在不同银行的情况，实际上一抵、二抵也可以发生在同一家银行内，即A银行贷给老王600万元后，出于某些原因，又贷给了老王房产余值400万元的60%即240万元，A银行合计给了老王贷款840万元，A银行的风险敞口变大了。

知识链接

抵押顺位及对应的清偿顺序

抵押顺位	清偿顺序
第一顺位抵押（一抵）	优先清偿
第二顺位抵押（二抵）	劣后于一抵，一抵清偿后，剩余部分用于清偿二抵

这个资产包中位于柯桥区的沿街商铺，就是分别做了第一顺位抵押（一抵）和第二顺位抵押（二抵），一抵金额是××××万元，一抵对应的贷款本金为××××万元，二抵金额是××××万元，二抵对应的贷款本金为×××万元。该抵押物变卖后的款项，先用于清偿一抵对应的贷款本金××××万元和利息，剩余如果有多的部分，再清偿二抵对应的贷款本金×××万元和利息。

这里还有第二个概念，抵押金额和对应贷款本金，抵押金额并不一定能全部实现，要对比抵押金额和对应贷款本金的数值大小。我解释一下，老王向银行借款1000万元，抵押物为老王名下的住房，最高额抵押金额为1500万元。半年后，老王的借款无法按期归还，银行向法院提起诉讼，经过判决、执行程序，最后这套房子经司法拍卖，获得拍卖款2000万元。这2000万元中，需要支付给银行的金额是贷款本金1000万元及利息，而不是最高额抵押金额1500万元。

反过来，老王向银行借款1500万元，抵押物为老王名下的住房，最高额抵押金额为1000万元。半年后，老王的借款无法按期归还，银行向法院提起诉讼，经过判决、执行程序，最后这套房子经司法拍卖，获得拍卖款2000万元。在这2000万元中，需要支付给银行的金额，是最高额抵押金额1000万元，而不是贷款本金1500万元及利息。

知识链接

抵押金额和对应贷款本金

抵押金额	对应贷款本金	抵押物处置款	可以受偿金额
1500万元	1000万元	2000万元	1000万元及利息
1000万元	1500万元	2000万元	1000万元

5月19日，AMC的项目经理购买了杭州市往返衢州市的高铁票，前往最后一处抵押物现场。单程火车用时1小时20分钟，G1371次列车，早上8：32发车，9：51到站。下车后，打一辆出租，开了两公里，到达抵押物现场。

衢州市位于浙江省西南部，钱塘江上游，南接福建省南平市，西连江西省上饶市、景德镇市，北邻安徽省黄山市，东与省内金华市、丽水市、杭州市相交，有“四省通衢，五路总头”之称。衢州是一座国家历史文化名城，2016年11月获得“全国十佳生态休闲旅游城市”荣誉称号，2018年，获得联合国“国际花园城市”称号，是国家绿色金融改革创新试验区、钱江源国家公园体制试点城市、全国营商环境评价试点城市、国家全域旅游示范区创建试点城市、全国首批“绿水青山就是金山银山”实践创新城市。可以看出来，衢州市的定位，基本围绕生态环境、旅游业展开。

柯城区是衢州市的主城区，该酒店距区政府1公里，位于政府广场边上。

现场看来，酒店周围人行熙攘，交通便利，外立面装修素雅，挂四星级。

按照“城市经济发达程度—区县经济发达程度—抵押物区位—抵押物优点—抵押物瑕疵—抵押物变现能力”框架分析结果见下表。

分析维度	信息获取渠道	信息描述	评价
城市经济发达程度	市人民政府官网	浙江省衢州市，长三角	较好
区县经济发达程度	区人民政府官网	经济适中	较好
抵押物区位	导航软件	距区政府开车只需 2 分钟即能到达	好
抵押物优点	现场尽调	外立面装修素雅，挂四星级	较好
抵押物瑕疵	现场尽调	权证清晰，没有权属纠纷	好
抵押物变现能力	现场尽调	酒店的用途比较单一	一般

三、资产包分析举例

资产包中债务人A为上市公司。20××年，债务人A借壳上市，由于当时国内股权、信贷融资政策较为宽松，企业实控人投入大量资金用于扩张，导致资金链崩盘。20××年××月××日，债务人A因上年度财务会计报告被出具无法表示意见的审计报告，进入退市预警（*ST），如果债务企业当年度财务会计报告被会计师事务所出具无法表示意见或者否定意见的审计报告，股票将自当年度报告公告之日起退市。债务企业涉及多起借款纠纷诉讼。

债务人A的保证人中：保证人1最高额保证金额××××万元，保证人1曾经是一家著名的桥梁设计公司，代表工程为某大桥综合设计方案，得到业内最高奖项。20××年××月××日，法院裁定受理保证人1破产，20××年××月××日，管理人向银行划付保证人1的破产分配款项×××万元。保证人2最高额保证金额××××万元，保证人2为债务人A的全资子公司。保证人3最高额保证金额××××万元，保证人3为保证人2的全资子公司。保证人4最高额保证金额××××万元，保证人4为债务人A的实际控制人。

债权估值这件事，仁者见仁，智者见智，你估值比别人高，原因不外乎两个，第一是你尽调更加仔细，掌握了别人没有掌握的重要还款信息，比如债务人即将收到政府收储补偿款等；第二是你估值太马虎了，将债务人和抵押物的还款能力估计得过于乐观。

我认为，估值时要考虑到四方面因素，首先是债权本身的实际价值，其次是银行预计的回款值，再次是其他AMC预计的估值，最后是你的投标意愿。我在实践中，对于某不良资产包，经过现场尽调，发现里面大部分抵押物或者因为位置偏僻，或者因为有租赁瑕疵，整体的变现能力偏弱，如果收购后在短时间内很难处置，势必变成板结资产，所以在报价时选择了理性一些的报价。

第七章　司法诉讼案例：执行异议之诉

甲公司为某银行20××年不良资产包内的债权债务人，某大型AMC于20××年××月××日收购此包。在AMC收购前，原债权人银行已经于20××年××月××日向法院提起诉讼，要求被告甲公司归还逾期本金××××万元，利息××万元，合计金额××××万元。同年××月××日，在法院主持下，原被告双方达成调解，调解内容如下：

一、被告甲公司应归还原告银行借款本金××××万元，支付至20××年××月××日止的利息××万元，合计××××万元，并支付自20××年××月××日起至借款实际给付之日止按合同约定计算的利息（含罚息、复利），于20××年××月××日前一次性付清；

二、若被告甲公司不能以资金清偿上述第一项款项，则原告银行有权对被告老王、小王共有的位于××市××区的抵押房产折价、拍卖、变卖的价款在最高额××××万元范围内享有优先受偿权；

三、被告老王对上述第一项款项在最高额××××万元范围内承担连带清偿责任。

鉴于20××年××月××日期满，被告仍未按要求支付款项，AMC收购此债权后，立即向法院同步递交了《强制执行申请书》及《变更执行主体申请》，这样原告主体从银行变更为AMC。20××年××月××日，法院下达《执行裁定书》及《限制消费令》，裁定内容如下：

一、被执行人甲公司、老王、小王在执行通知书指定的期限内履行指定的义务。

二、拒不履行的，冻结、划拨被执行人甲公司、老王、小王、银行存款人民币××××万元，对于诉讼费、执行费及应支付的相应利息，或扣留、提取其同等数额的收入，或查封、扣押、冻结、拍卖、变卖其同等价值的其他财产。

裁定作出后，被执行人老王突然向法院提供了案外人老赵与老王签订的一份《商铺租赁协议》及租金支付明细，《商铺租赁协议》签订时间显示为20××年××月××日，主要内容摘录如下：租期30年，租金支付方式为×天内一次性以现金方式支付×年租金计人民币××××万元，20××年××月××日底前再一次性以银行转账汇款方式支付×年租金××××万元，20××年××月底前，最后一次性以现金方式支付剩余×年租金×××万元。同时提交了支付证明。

老王提供的这份《商铺租赁协议》，签订时间早于银行与老王在20××年××月××日签订的《最高额抵押合同》，如果为真，我们在上一章中已经解释过，则抵押物的租赁权将优先于银行的抵押权，抵押物只能带租拍卖。一方面租期特别长，有30年，到20××年××月××日；另一方面案外人老赵已经支付了到20××年的租金合计××××万元。那么潜在客户购买后，在20××年前将收不到一分租金，而且在20××年前都不得转租他人，完全没有任何价值。如果这样，抵押物的拍卖价格将大幅折价，甚至长期无人问津，会给AMC处置这户债权带来重大不利影响。

AMC项目经理和分公司法律部同事、代理律师会同分析后，认为这是一起典型的债务人倒签租赁合同案，目的是阻止抵押物如期拍卖。AMC决定向法院提出书面执行异议，认为案外人老赵提供的《商铺租赁协议》非真实。20××年××月××日，法院开庭审理，作出执行裁定，驳回了AMC的异议申请。

案情到了这一步，受到严重挫折，下一步怎么走？是接受这份裁定，还是据理力争？作为国有金融单位，怀着对维护国有金融资产安全的崇高使命感，项目经理和分公司法律部、代理律师进行专题磋商，在部门领导和分公司领导的直接指导下，思考再三，决定重新挖掘证据资料，补齐证据链条，向法院提起执行异议之诉，维护分公司正当权益。

项目组和代理律师在法院文书网上寻找了大量类似案例的判决，反复论证，终于想到了案件的突破口：该抵押物现在用作门店经营，那么一定在市场监督管理局备案过，可以申请调阅当年在市场监督管理局备案的租赁协议，两者对比，真相就能弄清楚了。果然，市场监督管理局备案的租赁协议，租赁起始日期在老赵提供的《商铺租赁协议》之后，出租人赫然写的是老王、小王。如果老赵当时已经和老王、小王签订了《商铺租赁协议》，那在市场监督管理局备案的租赁协议上，签名的出租人应该是老赵才对。

在取得了关键性证据后，项目组立即向法院递交了执行异议之诉，缴纳了诉讼费，法院于20××年××月××日受理立案。《起诉状》主要内容如下：

诉讼请求

一、请求撤销执行裁定。

二、请求确认被告一老赵与被告二老王于20××年××月××日签订的《商铺租赁协议》无效。

三、本案诉讼费由各被告承担。

事实与理由

20××年××月××日，某银行与甲公司、老王等金融借款合同纠纷一案，法院已作出民事调解书，确认银行有权对老王、小王共有的位于××市××区的抵押房产折价、拍卖、变卖的价款在最高额××××万元范围内享有优先受偿权。

20××年××月××日，原告AMC依法从银行处受让上述民事调解书中的权利，并于20××年××月××日向贵院申请强制执行。执行期间，原告提出书面异议，申请贵院在涤除上述抵押房产上的租赁权后，对其进行司法拍卖。贵院于20××年××月××日作出执行异议裁定驳回原告的异议申请。原告认为，贵院驳回原告异议申请缺乏事实与法律依据。

为对抗原告享有的抵押权，被告一老赵与被告二老王倒签了一份签订时间为20××年××月××日的《商铺租赁协议》，合同中所述的租赁关系不存在，该行为严重损害了AMC的权益，所谓“《商铺租赁协议》”系无效合同。

一、老王在执行异议审查时自述：第一期租金××××万元由两部分组成，×××万元由工程承揽费抵充，×××万元系部分汇款部分现金。原告认为，×××万元工程承揽费系其双方逃避提供租金支付凭证，无证据证明该工程承揽费真实存在；其称×××万元系汇款和现金组成也是由于其无法提供真实的租金支付凭证。被告老王在执行异议审查时的自述内容与其提交的所谓“《商铺租赁协议》”载明“约定（现金形式支付××××万元）”相矛盾。

二、所谓“《商铺租赁协议》”约定20××年××月底前一次性支付×年租金××××万元，而老赵在20××年××月就全额支付了租金。如此长时间的租期，如此大额的租金不仅一次性支付，而且提前×个月支付，明显不符合正常交易习惯和交易逻辑。

三、从老赵提供的租金支付流水及其自述中可知，其与老王之间素有频繁的业务往来，流水总金额也远远大于约定的租金金额，所以支付流水中所谓的租金均有可能系老王与老赵之间的其他交易往来，故除非汇款注明“租金”，否则不应认定为支付租金。

四、所谓“《商铺租赁协议》”约定自老王收到第一期租金××××万元后租赁关系生效。而目前仅能根据老王提供的款项明细看出，在20××年××月××日合同签订后至20××年××月××日抵押登记前，老赵仅汇款×××万元，与合同生效条件相去甚远。原告有理由认为，抵押登记办理前所谓“《商铺租赁协议》”尚未生效。

五、在办理上述抵押登记时抵押物系存在真实租赁关系的。老王与多人分别签订了《商铺租赁协议》，并有租金收据，这些租赁合同均加盖了老王私章，与老王签订抵押合同时所用私章一致；且各承租人向银行出具了愿意提前解除租赁合同的承诺书，现上述租赁合同虽已到期，但鉴于部分承租人还在实际租赁使用房屋，构成了不定期租赁合同，上述承诺书对其仍有约束力。

老王与老赵倒签的租赁关系严重影响抵押物的司法拍卖成交率，对原告的权益造成严重损害。综上所述，申请人认为被告老王与老赵为对抗原告的抵押权，倒签《商铺租赁协议》，严重损害了原告的合法权益，该租赁合同无效。为维护原告的合法权益，特向贵院提起诉讼，望贵院依法查明事实，支持原告的诉讼请求。

法院在听取了原被告双方发言，调阅了相关证据后，认为被告（被执行人）老王与被告（案外人）老赵于20××年××月××日签订的《商铺租赁协议》是否合法、有效、履行，成为本案的焦点。

根据《合同法》第二百一十二条[①]规定，“租赁合同是出租人将租赁物交付承租人使用、收益，承租人支付租金的合同”。租赁合同以转移标的物的使用权收益为特征，因此，只有承租人自已独立使用租赁物的，才为租赁，如出租人仍对标的物占有使用，而承租人不亲自使用标的物，则该种关系并不为租赁。

该法第二百一十六条规定，“出租人应当按照约定将租赁物交付承租人，并在租赁期间保持租赁物符合约定的用途”，出租人负有依合同约定将租赁物交付承租人使用的义务。

依照《最高人民法院关于人民法院办理执行异议和复议案件若干问题的规定》第三十一条第一款关于“承租人请求在租赁期内阻止向受让人移交占有被执行的不动产，在人民法院查封之前已签订合法有效的书面租赁合同并占有使用该不动产的，人民法院应予支持”的规定，承租人请求租赁期内阻止向受让人移交占有被执行的不动产，必须具备以下条件：①时间要求，必

① 该法已于2021年失效，见《中华人民共和国民法典》第七百零三条。

须在人民法院查封之前已签订租赁合同；②租赁合同必须合法和有效；③租赁合同必须是书面合同；④承租人必须占有使用租赁物。按照上述条件，结合本案认为，20××年××月××日签订的《商铺租赁协议》在其形式上，符合时间要求、书面合同要求。对《商铺租赁协议》的合法、有效、占有使用，分析如下：

1.出租人的权利主体不完整。××市××区商业房产的所有权为老王和小王共有，20××年××月××日签订的《商铺租赁协议》仅老王作为出租人并签名。签订《商铺租赁协议》时小王已成年，作为涉案房产的共有人没有在《商铺租赁协议》列写出租人并签名，不能表明是否认同其他共有人的租赁处分也为老赵、老王所明知。证据××系被告小王于20××年××月××日出具，距《商铺租赁协议》落款日期20××年××月××日，在长达×年多时间里一直没有书面追认，而在执行异议审查期间出具“20××年老王经我同意后已经与老赵签订了租赁合同，已经全部出租给了老赵”的说明，让常人难以理解和接受，且与其权益有利害关系，亦与其他证据相矛盾，采纳无据。

2.《商铺租赁协议》没有约定租赁标的交付日期、交付内容和方式。①租赁标的交付的重要性。租赁标的房屋建筑类型和用途均是“店铺”，租赁目的是“用于经营”，租期为30年；租赁的是面积为××××平方米的房产。租赁标的交付日期，是租赁合同中不可缺少的一项重要内容。②《商铺租赁协议》没有约定租赁标的交付日期、交付内容和方式，不符合租赁合同的普遍要求，也与一般常理不相符。③租赁标的交付、交付内容和方式，关系到合同的履行、终止，租金的起算和支付，租赁物的返还，合同的违约等。④承租人取得和占有使用租赁物的起算日期，与承租人的权利义务有直接利害关系。

3.《商铺租赁协议》不能确认开始生效。根据《商铺租赁协议》第三条“本协议签订后×天内一次性以现金方式支付×年租金计人民币××××万元整”和第九条“自收到第一次现金租金××××万元后，本协议开始生效”的约定，协议双方履行《商铺租赁协议》存在：①老赵没有按照约定时间和方式支付第一次租金；②老赵认为第一次租金中×××万元是工程介绍费充抵，对该主张除被告老王认同以外，没有其他证据予以印证；③其余×××万元现金支付亦无其他证据相佐证。故不能确认《商铺租赁协议》是否开始生效。

4.老赵没有占有使用租赁标的。理由：①由于《商铺租赁协议》没有约定租赁标的交付日期，交付内容和方式，存在承租人向出租人主张租赁物交付时间无据，如租赁物是一次性还是分部交付，租赁物的交付涉及租赁物的数量和状态等；②被告老赵不能举证证明已对租赁标的占有和使用；③原告提供和本院收集的证据均显示，在20××年××月××日以后对上述房产的出租人仍是老王、小王；④被告老赵不能举证证明以承租人的名义对租赁标的物行使转租等权利。综合上述，被告（被执行人）老王提供20××年××月××日签订的《商铺租赁协议》，由于不具备承租人自己独立使用租赁物，出租人未将租赁物交付承租人使用的法律特征，不能足以排除强制执行。老赵对租赁房产以承租人的名义进行占有使用和处分收益均不能举证，故不享有足以排除强制执行的民事权益。

依照《最高人民法院关于适用〈中华人民共和国民事诉讼法〉的解释》第三百一十一条“案外人或者申请执行人提起执行异议之诉的，案外人应当就其对执行标的享有足以排除强制执行的民事权益承担举证证明责任”的规定，本案是申请执行人提起的执行异议之诉，老赵是案外人，负有对执行标的享有足以排除强制执行的民事权益，承担举证责任的义务。

被告（案外人）老赵对执行标的不能提供足以排除强制执行的证据证明，依法应承担举证不能的法律后果。原告AMC要求涤除抵押物上的租赁权的异议请求，所举证据充分，理由正当，符合相关法律的规定，本院予以支持。

据此，依照《民事诉讼法》第六十四条、第一百四十四条、第二百二十七条，《最高人民法院关于人民法院办理执行异议和复议案件若干问题的规定》第八条、第二十四条、第二十七条、第三十一条，《最高人民法院关于适用〈中华人民共和国民事诉讼法〉的解释》第二百四十条、第三百零八条、第三百一十一条、第三百一十三条第（一）项之规定，于20××年××月××日判决如下：

被告（案外人）老赵、被告（被执行人）老王、小王不得以《商铺租赁协议》对抗原告AMC享有对××市××区房产涤除租赁拍卖的抵押权。本案受理费由被告老赵、老王、小王负担。

如不服本判决，可在判决书送达之日起15日内向本院递交上诉状，并按对方当事人的人数提出副本，上诉于××人民法院。本院执行异议裁定于本判决生效时自动失效。

艰苦的拉锯战，终于迎来了正义的曙光，项目组还没来得及庆祝，就收到了××市××人民法院的《开庭传票》，原来被告并没有就此放弃，已经提起了上诉，法院于20××年××月××日立案受理。既然是意料之中的事情，AMC只有继续应战。

老赵、老王、小王的上诉请求：1.撤销法院民事判决书，确认上诉人的租赁权合法有效。2.本案上诉费由被上诉人承担。事实和理由如下：1.《商铺租赁协议》由老王、老赵签订，该租赁协议得到小王认可，符合法律规定，应当认定为真实有效。2.《商铺租赁协议》虽然没有约定交付日期、交付内容和方式等，但并没有违反法律禁止性规定，应当认定为合法有效。3.一审法院认定租金并没有实际履行没有依据，因为当事人双方对该事实并无异议。上诉人提交的他人证言及银行流水足以证实老赵作为"二房东"已实际占有、使用租赁物，并收取租金。4.一审法院认定20××年××月××日后的出租人仍为老王、小王没有事实根据，属于认定事实错误。综上，请求二审法院支持上诉人的请求，依法改判。

AMC答辩称：1.一审判决对租赁协议权利主体的认定正确。小王作为完全民事行为能力人未在案涉租赁协议上签字，且在其后×多年时间内未予追认，不符合真实租赁的要求。且其从市场监督管理局调取的档案显示，小王作为出租人于20×年至20××年期间在案涉房产的租赁协议上均有签字，否认了上诉人所述老王代替小王在案涉租赁协议上签字的情况。2.《商铺租赁协议》没有约定交付日期、交付内容和方式等，事实是租赁协议双方倒签时间，损害抵押权人的合法权益。案涉房产事实上没有真正交付。3.一审认定《商铺租赁协议》未生效且未实际履行正确。综上，请求二审法院依法驳回上诉，维持原判。

原审原告AMC向一审法院起诉请求：1.撤销法院执行裁定。2.确认被告老赵与被告老王于20××年××月××日签订的《商铺租赁协议》无效；庭审中变更诉讼请求为被告老赵与被告老王签订的《商铺租赁协议》不得对抗原告享有的抵押权。3.本案诉讼费用由被告承担。

一审法院认定事实如下：20××年××月××日，某银行与老王、小王签订最高额抵押合同一份。约定由老王、小王共有的××市××区房产设定抵押，为甲公司自20××年××月××日至20××年××月××日期间在人民币××××万元的最高余额内与银行签订本外币借款合同等提供抵押担保。20××年××月××日，双方不动产登记事务中心办理抵押权登记。20××年××月××日，银行与老王、小王签订抵押变更协议，约定将上述抵押合同项下担保的最高额债权发生期间变更为20××年××月××日至20××年××月××日。20××年××月××日办理了抵押权登记。20××年××月××日，该院受理原告银行与被告甲公司、老王、小王金融借款合同纠纷一案。

在该院审理期间，银行申请财产保全，该院于20××年××月××日轮候查封了财产所有权登记在被告老王、小王名下，位于××市××区房产。经该院主持调解，双方当事人自愿达成如下协议：一、被告甲公司应归还原告银行借款本金××××万元，支付至20××年××月××日止的利息××万元，合计××××万元，并支付自20××年××月××日起至借款实际给付之日止按合同约定计算的利息（含罚息、复利），于20××年××

月××日前一次性付清；二、若被告甲公司不能以资金清偿上述第一项款项，则原告银行有权对被告老王、小王共有的位于××市××区的抵押房产折价、拍卖、变卖的价款在最高额××××万元范围内享有优先受偿权；三、被告老王对第一项款项在最高额××××万元范围内承担连带清偿责任等，该院于20××年××月××日出具民事调解书。

20××年××月××日，银行将民事调解书确认的债权转让给AMC，并经登报公告。由于众被告均未履行调解书确定的义务，AMC向该院申请强制执行，该院依法立案执行。在执行过程中，被执行人老王提交了其与老赵于20××年××月××日签订的《商铺租赁协议》及相应的银行流水等证据。

20××年××月××日，该院作出执行裁定书，裁定拍卖被执行人老王、小王共有的抵押物，即位于××市××区商业房产（含固定装修）。AMC对老王提供《商铺租赁协议》带租拍卖提出执行异议。对AMC的执行异议，该院于20××年××月××日立案审查。20××年××月××日作出执行裁定，裁定驳回异议人AMC的异议请求。原告（申请执行人）AMC在裁定指定的起诉期限内提起本案之诉。

另查明，被告（被执行人）老王在该院执行期间提供：老王（甲方）与老赵（乙方）于20××年××月××日签订的《商铺租赁协议》一份。该协议载明：一、乙方向甲方租用位于××市××区房产，房屋总面积××××平方米，用于经营。二、租赁期限为30年，即从20××年××月××日至20××年××月××日止。三、年租金为×××万元整。四、付款方式为实行先交租金后经营的方式。本协议签订后×天内一次性以现金方式支付×年租金计人民币××××万元整，至20××年××月底前，一次性以银行转账汇款方式支付×年租金计人民币××××万元整，至20××年××月底前，最后一次性以现金方式支付剩余×年租金计人民币×××万元整。营业房租外的费用（含水、电、煤、电话、卫生、治安、办证等）均由乙方承付。另外乙方须现金支付给甲方保证金计人民币×××万元（未约定支付时间和方式）。五、乙方在租赁期内不得将营业用房私自总包转让，如要转让必须经得甲方同意……协议第九条约定，自收到第一次现金租金即××××万元后，本协议开始生效。本协议约定的第二次租金××××万元整须以银行转账方式汇入老王工行卡。协议对违约等其他事项亦作了约定。《商铺租赁协议》对租赁标的物交付日期、交付内容和方式，均没有约定。20××年××月××日，老赵以银行转账方式，转入老王工行卡人民币××××万元。

该院认为，被告（被执行人）老王与被告（案外人）老赵于20××年××月××日签订的《商铺租赁协议》是否合法、有效、履行，成为本案的焦点。根据《合同法》第二百一十二条[①]规定，"租赁合同是出租人将租赁物交付承租人使用、收益，承租人支付租金的合同"。租赁合同以转移标的物的使用权收益为特征，因此，只有承租人自己独立使用租赁物的，才为租赁，如出租人仍对标的物占有使用，而承租人不亲自使用标的物，则该种关系并不为租赁。

该法第二百一十六条规定，"出租人应当按照约定将租赁物交付承租人，并在租赁期间保持租赁物符合约定的用途"，出租人负有依合同约定将租赁物交付承租人使用的义务。

依照《最高人民法院关于人民法院办理执行异议和复议案件若干问题的规定》第三十一条第一款"承租人请求在租赁期内阻止向受让人移交占有被执行的不动产，在人民法院查封之前已签订合法有效的书面租赁合同并占有使用该不动产的，人民法院应予支持"的规定，承租人请求租赁期内阻止向受让人移交占有被执行的不动产，必须具备以下条件：①时间要求，必须在人民法院查封之前已签订租赁合同；②租赁合同必须合法和有效；③租赁合同必须是书面合同；④承租人必须占有使用租赁物。按照上述条件，结合本案认为，20××年××月××日签订的《商铺租赁协议》在其形式上，符合时间要求、书面

① 该法已于2021年失效，见《中华人民共和国民法典》第七百零三条。

合同要求。对《商铺租赁协议》的合法、有效、占有使用，分析如下：

1.出租人的权利主体不完整。××市××区商业房产的所有权为老王和小王共有，20××年××月××日签订的《商铺租赁协议》仅老王作为出租人并签名。签订《商铺租赁协议》时小王已成年，作为涉案房产的共有人没有在《商铺租赁协议》列写出租人并签名，不能表明是否认同其他共有人的租赁处分也为老赵、老王所明知。证据××系被告小王于20××年××月××日出具，距《商铺租赁协议》落款日期20××年××月××日，在长达×年多时间里一直没有书面追认，而在执行异议审查期间出具"20××年老王经我同意后已经与老赵签订了租赁合同，已经全部出租给了老赵"的说明，让常人难以理解和接受，且与其权益有利害关系，亦与其他证据相矛盾，采纳无据。

2.《商铺租赁协议》没有约定租赁标的交付日期、交付内容和方式。①租赁标的交付的重要性。租赁标的房屋建筑类型和用途均是"店铺"，租赁目的是"用于经营"，租期为30年；租赁的是面积为××××平方米的房产。租赁标的交付日期，是租赁合同中不可缺少的一项重要内容。②《商铺租赁协议》没有约定租赁标的交付日期、交付内容和方式，不符合租赁合同的普遍要求，也与一般常理不相符。③租赁标的交付、交付内容和方式，关系到合同的履行、终止，租金的起算和支付，租赁物的返还，合同的违约等。④承租人取得和占有使用租赁物的起算日期，与承租人的权利义务有直接利害关系。

3.《商铺租赁协议》不能确认开始生效。根据《商铺租赁协议》第三条"本协议签订后×天内一次性以现金方式支付×年租金计人民币××××万元整"和第九条"自收到第一次现金租金××××万元后，本协议开始生效"的约定，协议双方履行《商铺租赁协议》存在：①老赵没有按照约定时间和方式支付第一次租金；②老赵认为第一次租金中×××万元是工程介绍费充抵，对该主张除被告老王认同以外，没有其他证据予以印证；③其余×××万元现金支付亦无其他证据相佐证。故不能确认《商铺租赁协议》是否开始生效。

4.老赵没有占有使用租赁标的。理由：①由于《商铺租赁协议》没有约定租赁标的交付日期，交付内容和方式，存在承租人向出租人主张租赁物交付时间无据，如租赁物是一次性还是分部交付，租赁物的交付涉及租赁物的数量和状态等；②被告老赵不能举证证明已对租赁标的占有和使用；③原告提供和本院收集的证据均显示，在20××年××月××日以后对上述房产的出租人仍是老王、小王；④被告老赵不能举证证明以承租人的名义对租赁标的物行使转租等权利。综合上述，被告（被执行人）老王提供20××年××月××日签订的《商铺租赁协议》，由于不具备承租人自己独立使用租赁物，出租人未将租赁物交付承租人使用的法律特征，不能足以排除强制执行。老赵对租赁房产以承租人的名义进行占有使用和处分收益均不能举证，故不享有足以排除强制执行的民事权益。

依照《最高人民法院关于适用〈中华人民共和国民事诉讼法〉的解释》第三百一十一条“案外人或者申请执行人提起执行异议之诉的，案外人应当就其对执行标的享有足以排除强制执行的民事权益承担举证证明责任”的规定，本案是申请执行人提起的执行异议之诉，老赵是案外人，负有对执行标的享有足以排除强制执行的民事权益，承担举证责任的义务。

被告（案外人）老赵对执行标的不能提供足以排除强制执行的证据证明，依法应承担举证不能的法律后果。原告AMC要求涤除抵押物上的租赁权的异议请求，所举证据充分，理由正当，符合相关法律的规定，本院予以支持。

据此，依照《民事诉讼法》第六十四条、第一百四十四条第二百二十七条，《最高人民法院关于人民法院办理执行异议和复议案件若干问题的规定》第八条、第二十四条、第二十七条、第三十一条，《最高人民法院关于适用〈中华人民共和国民事诉讼法〉的解释》第二百四十条、第三百零八条、第三百一十一条、第三百一十三条第（一）项之规定，于20××年××月××日判决如下：

被告（案外人）老赵、被告（被执行人）老王、小王不得以《商铺租赁协议》对抗原告AMC享有对××市××区房产涤除租赁拍卖的抵押权。本案受理费，由被告老赵、老王、小王负担。

本院对一审查明的事实及相关证据予以确认。

二审审理期间，被上诉人AMC向本院提交营业执照和租赁合同各一份，该两份证据提取自市场监督管理局档案室，以证明老赵为老王代为管理案涉房产，老赵是代为管理人而非"二房东"，其没有转租的权利。租赁合同显示甲方为小王、老王，联系人为老赵。经质证，上诉人的代理人对证据的来源无异议，该证据与一审中所提交的案涉商铺租赁协议所证明的内容类似，都是欲证明上诉人老赵是"二房东"还是代管人。因上诉人方对证据来源及真实性均无异议，该证据所证明的内容与一审所提交的相关租赁协议类同，不再作为新证据认定。

本院认为，本案二审争议焦点为上诉人老赵、老王、小王对案涉位于××市××区房产是否具有足以排除强制执行的民事权益，对此，本院评析如下：《最高人民法院关于适用〈中华人民共和国民事诉讼法〉的解释》第三百一十一条规定，案外人或者申请执行人提起执行异议之诉的，案外人应当就其对执行标的享有足以排除强制执行的民事权益承担举证证明责任。

《物权法》[①]第一百九十条规定，订立抵押合同前抵押财产已出租的，原租赁关系不受该抵押权影响。抵押权设立后抵押财产出租的，该租赁关系不得对抗已登记的抵押权。本案中，案外人老赵主张其在案涉房产抵押前已租赁案涉房产，应提交证据证明其在案涉房产抵押前已签订合法有效的租赁协议并已实际占有、使用案涉房产。

但从老赵提交的证据分析，尚不能证明其对案涉房产享有足以排除强制执行的民事权益。主要有以下三点理由：（1）现有证据尚不能证实案涉房产

① 该法已失效，见《中华人民共和国民法典》第四百零五条。

租赁协议真实、有效，主要表现在房屋租金的交付时间和付款方式明显不符合常理和商业习惯：如案涉房产长达30年的租金固定为×××万元/年，协议签订后×天内一次性现金方式支付×年租金××××万元，从20××年××月××日签订协议至20××年××月底共×年却要交纳××年的房租费；案涉租赁合同缺少租赁合同的完备要件，租赁协议的权利主体尚不完备，小王作为共有权人且系成年人未在案涉房产租赁协议上签字，影响该协议的效力；租赁协议也未约定租赁房产的交付时间、交付方式等实质性要件。租赁协议虽约定协议的生效条件，但上诉人老赵并无证据证实其已支付××××万元租金，且其支付的××××万元款项的时间为20××年××月××日，晚于抵押登记的办理时间。虽然上述要件属于当事人意思自治的范畴，但在执行异议之诉案件中应当坚持实质审查原则，严格适用自认规则，即使被执行人老王、小王承认案外人老赵的相关主张，亦应从严把握。案外人老赵所提交的证据尚不能认定租赁协议真实、有效。（2）房屋租赁备案登记显示出租人系老王、小王，该备案登记具有公示公信的效力。案外人老赵以“自己是二房东，备案登记时要求填写的出租人是房东”为由，主张自己是案涉房产的实际出租人与备案登记的出租人小王、老王相矛盾，不足采信。（3）上诉人老赵所提交的证据尚不足以证明其已实际占有使用案涉房产。

综上所述，上诉人小王、老王、老赵的上诉请求不能成立，应予驳回。一审判决认定事实清楚，法律适用正确，应予维持。依照《民事诉讼法》第一百七十条第一款第（一）项规定，于20××年××月××日判决如下：驳回上诉，维持原判。二审案件受理费，由上诉人小王、老王、老赵负担。本判决为终审判决。

六个多月的时间，案件走向峰回路转，AMC迎难而上，终于依靠锲而不舍的毅力和专业法律知识，坚定维护了国有金融资产的安全，再次书写了一起具有代表性的经典案例。

第八章　投后管理案例：如何建立资产台账

随着购入的不良资产户数越来越多，对于存量不良资产的管理和维护就显得尤为重要。建议读者可以建立一个资产台账，这样一来，首先可以把每户债权的基本情况梳理清楚，其次保持对台账不定期动态更新，把管理过程中遇到的事项都记录下来，可以确保管理过程连贯、不间断、可追溯。资产台账是相当重要的一个工具。

一个资产台账，一般可以这么设置。横向标题中，第一列是资产序号，第二列是债权名称（债务人名称），第三列是债权本金，第四列是债权利息，第五列是债权本息之和，第六列是不良债权的购入日，第七列是诉讼状态，第八列是债权主体是否完成变更，第九列是债权的保证人，第十列是债权的抵押物，第十一列是抵押物情况描述，第十二列是债务人情况描述，第十三列是保证人情况描述，第十四列是债权购入后已经回收的款项，第十五列是案件管辖法院，第十六列是代理律师联系方式，第十七列是法官或者破产管理人的联系方式，第十八列是银行经办人员联系方式，第十九列是债权购入后已经向外支付的费用，第二十列是有无完成和债务人的谈话，第二十一列是有无完成对债务人的失信限高，第二十二列是抵押物拍卖进展，第二十三列是管理过程中发生的事项，第二十四列是待办事项。纵向就按照不良债权一户一户往下填就行。读者可以按照模板自己制作一张资产台账。

台账中每一列的设置都是有其意义的，也是我在实践过程中逐渐修改完善的结果。下面从第六列开始具体解释一下。AMC购入债权，是向银行支付了对价（钱）的，每过去一天都会增加一天的成本，对于民间投资人就更是如此了，所以债权购入日是一个很重要的指标，债权持有的时间越长，一般来说，预期利润就会越薄。

第七列是诉讼状态，具体可以分成未起诉、起诉中、已立案、已判决、判决未执行、已执行、终结本次执行（终本）七大阶段，每一个阶段后，都需要及时向法院递交相应资料，尽早进入下一个阶段。

第八列是债权主体是否完成变更很关键，购入债权后应当第一时间完成债权主体的变更，特指的是法律意义上的变更。不管是诉讼主体还是执行主体，只有主体变更后，后续法院有新的进展才会联系你，而不是联系原债权人。

第九列是债权的保证人，第十三列是保证人情况描述。保证人在《保证合同》上规定的保证金额内对债务还款承担责任。特别说明一下，保证责任分成三种，第一种是一般保证责任，比如某债权本金1000万元，保证人老王对其中的500万元承担还款责任，则老王需要归还的金额为500万元及500万元对应的利息；第二种是最高额保证责任，比如某债权本金1000万元，保证人老王在最高额500万元内承担还款责任，则老王需要归还的金额为500万元，不用偿还500万元对应的利息；第二种是连带保证责任，比如某债权本金1000万元，保证人老王承担连带保证责任，则老王需要归还的金额为1000万元及所有利息。

知识链接

三种保证责任

保证责任种类	需要偿还的金额
一般保证责任	保证的本金金额＋这部分本金对应的利息
最高额保证责任	保证金额
连带保证责任	债权所有本金＋利息

还需要说明，实践中，保证一般有三种模式，第一种是A为B担保，B不为A担保，这是最原始的“担保”；第二种是A为B担保，B又为A担保，这称为“互保”（互相担保），比如浙江省的诸暨市，互保贷款曾经比较多；第三种是A为B担保，B为C担保，C又为A担保，这称为“联保”。

我国的互保、联保贷款作为小微企业抵质押贷款的替代品，曾经为解决国内小微企业申请贷款过程中缺乏抵质押物问题提供了一种创新思路，但是经过这些年的演变，其产品制度设计上的缺陷和漏洞逐渐暴露出来。

贷款投放前因为“搭便车效应”降低了信贷审批约束，贷款投放中因为“两两抵消效应”从总量上看实际上不存在担保责任，贷款逾期后因为发生“踩踏效应”互相推诿，最终发生“多米诺骨牌效应”，使得金融风险在企业间迅速传递，互保、联保贷款造成的信贷扭曲增加了国内金融体系的不良资产，损害了金融市场稳定。作为一种银行主动向小微企业提供的贷款产品，企业无法鉴别互保、联保贷款中的风险，其出发点是好的，但是实际效果是有危害的。

知识链接

不同的担保方式

担保方式	表现形式
担保	A为B担保，B不为A担保
互保	A为B担保，B为A担保
联保	A为B担保，B为C担保，C为A担保

第十列是债权的抵押物，第十一列是抵押物情况描述。抵押物作为我国现阶段银行放款的主要风控手段，其重要性不言而喻，不同类型抵押物的分析，在本书第一部分第四章第二节“现场尽调”中已经做了说明，读者可以试着回忆一下，肯定都记住了吧？

第十二列是债务人情况描述，具体可以分成企业经营中、停产、破产三种状态，三种状态下债务人的预计还款能力相差很大，而且在实践中，情况往往没有如此简单明了。在经营中、停产、破产之外，还存在很多其他情形，比如“换壳”。

“换壳”指债务企业的实控人（企业主）在债务企业以外，重新成立一家新的公司，继续经营和债务企业一模一样的产品和业务，这家新公司的股东中，不出现实控人的姓名，而是由其亲戚、企业职工、朋友等担任股东。“换壳”后，对于实控人而言，债务企业已经失去价值，还款意愿几乎为零。但是也应该看到，“换壳”后，实控人需要花费大量精力去说服其上下游向一家陌生的新企业供货和采购商品，这是相当大的成本。

第十四列是债权购入后已经回收的款项，第十九列是债权购入后已经向外支付的费用。这两列一个是进项，一个是出项，有点像企业财务报表的感觉，进项大于出项，说明购入债权后是盈利的；进项小于出项，说明购入债权后是亏损的，需要考虑是否调整处置策略，比如原本设计的是通过诉讼回款，可以改成转让回款。

第十五列是案件管辖法院，第十六列是代理律师联系方式，第十七列是法官或者破产管理人的联系方式，第十八列是银行经办人员联系方式。这些都是你在管理债权过程中需要经常打交道的人，银行经办人员了解该债权的第一手信息，对于债务企业的认识时间最长，也就可能最了解各种小道消息。法院或者破产管理人是债权进入司法程序后，需要常常联系的，由于一户债权从起诉到完成执行，或者从裁定破产到破产终结的过程很长，短则大半年，长则一年以上，与法官和破产管理人保持通畅的联系，有助于加快案件的推进。代理律师是代替你处理相关事务的专业人群，毋庸置疑，他们在法律上比你精通，多与律师商量，听从他们的建议，同时也要保持自己对债权处置思路的主导。

第二十列是有无完成和债务人的谈话，这是很重要的一个步骤，而不是可有可无的，应该尽量促成。正如我会在本书第三部分中提到的那样，国内不良资产行业对于处置抵押物往往看得很重，但是忽视了与债务人协商还款这个步骤，这在西欧不良资产市场中恰恰相反，他们强制要求债务人先行提供一份商业计划书，阐述将如何通过一定期限，分期偿还欠款。这个步骤抓到了问题产生的源头，即债务人，而不是抵押物。笔者建议尽量约债务人一起谈一谈，听听他的想法。

第二十一列是有无完成对债务人的失信限高，申请失信限高对于促成谈判，显得很有帮助。考虑到我国诚信社会体系的建设，失信记录对于自然人生活中的负面影响越来越直接，随着以后各种系统之间互联互通，这种影响将更加大。第二十二列是抵押物拍卖进展，及时催一下就行，当然也要注意考虑司法拍卖的时机选择，市场行情好不好是个因素。

第二十三列是管理过程中发生的事项，第二十四列是待办事项。管理过程中发生的事项，我建议大家按照“时间+事件”的方式记录，因为对于法律程序而言，时间点的把握相当重要，有时候可能就是时间过了，诉讼时效就失去了。待办事项是写一下近期要办理的事情。

第九章　处置案例：非抵押财产终获回款

一、熟悉债权情况

甲公司为某大型AMC收购的某银行不良资产包中一户债权债务人，该债权本金××××万元，利息×××万元，本息合计××××万元。保证人分别为乙公司、老王、李大姐，其中乙公司承担保证责任××××万元，老王、李大姐对借款承担连带保证责任。无抵押物。

显然，这是一户纯保证债权，还款的重点只落在保证人身上。已知老王为甲公司的实际控制人，李大姐为老王配偶，乙公司与甲公司是业务上的上下游关系，乙公司已经停产多年。这样，还款的重点进一步聚焦，实际上就是老王夫妻。

AMC在收购这个资产包的时候，了解到李大姐名下持有上海一家扬声器制造公司10%的股份，这是一个很关键的信息。据该公司上年度经审计的财务报表显示，其上年全年实现销售收入1.5亿元，净利润3000万元。该公司正在寻求上市，经评估，公司价值为3亿元，照此换算，李大姐持有的10%股份，市场价值大约为3000万元。

可是，该公司股份并不是甲公司贷款项下的抵押物，能不能以AMC的名义去申请执行股权，然后参与分配获得偿还呢？这其中存在很大的不确定性和变数，需要仔细筹划。

二、展开一对一谈话

接手该债权后，第一步，填写资产台账，把上一章中提到的内容逐条记入，和我一起复习一遍吧。资产序号、债权名称（债务人名称）、债权本金、债权利息、债权本息之和、不良债权的购入日、诉讼状态、债权主体是否完成变更、债权的保证人、债权的抵押物、抵押物情况描述、债务人情况描述、保证人情况描述、债权购入后已经回收的款项、案件管辖法院、代理律师联系方式、法官或者破产管理人的联系方式、银行经办人员联系方式、债权购入后已经向外支付的费用、有无完成和债务人的谈话、有无完成对债务人的失信限高、抵押物拍卖进展、管理过程中发生的事项、待办事项。

第二步，项目经理看着资产台账陷入沉思，一通梳理后认为李大姐持有的10%股权是这个案子取得突破的唯一关键。

第三步，项目经理联系了原债权银行经办人员，向其了解该债权是否还有其他重要信息，以及老王和李大姐的联系方式。

第四步，项目经理找到该债权的代理律师，向其了解之前诉讼过程中是否还有其他重要信息，以及经办法官的联系方式。

第五步，项目经理分别和老王、李大姐谈话，向他们了解对该债权的还款意愿和还款能力，是否有切实可行的还款安排。老王和李大姐表示很想偿还该欠款，但是现在经济能力有限，甲公司停业多年，营业执照都已经被吊销了，老王为了还款，现在在一家运输公司当货车司机，每月工资仅够日常花销。项目经理安慰了老王和李大姐，希望他俩保持信心渡过难关，不要有心理负担。

知识链接

企业吊销和企业注销

两种不同的形式	区 别
企业吊销	市场监督管理局的一种惩罚措施，企业因为违规行为被动承受，吊销未注销的企业还存在

续表

两种不同的形式	区　别
企业注销	企业破产、营业期满、合并、分立等企业的主动行为，注销代表这个企业真正消失了

第六步，项目经理找到银行的放款资料，其中有一份上海该扬声器公司的价值评估报告及该公司实控人小沈的联系方式。

第七步，项目经理联系了小沈，向其说明甲公司对AMC欠款未还事宜，以及了解其公司上市的进展。小沈表示企业上市遇到了一些意外情况，因为各种原因，上市辅导已经暂停很长时间了。

这样，经过上面七个步骤，项目经理大致对于该户债权的各方有了初步印象和判断，即李大姐持有的10%股权价值远远达不到3000万元。如果上海公司的经营情况恶化，那么这部分股权的价值很有可能再次贬损，所以结论是宜早不宜迟，争分夺秒，赶快推进执行程序，然后向法院申请执行该股权。

三、尽快推进执行

定了处置思路后，项目组代理律师同时向法院提交了变更执行主体申请书和恢复执行申请书，随申请书附一份李大姐股权财产清单。一个月后，AMC收到了法院寄来的《执行裁定书》，裁定变更AMC为本案的申请执行人。

主体变更了，执行也恢复了，股权已经被轮候查封，这时候小沈意外联系上AMC，向AMC询问股权查封的事。项目经理向其表示，如果有意愿，他可以等后续法院挂拍时，出资把股权买回去，这也有利于其增强对公司的控制力。小沈说再看吧，看看价格合不合适。又过了五个月，法院已经完成股权价值评估，准备在网络拍卖平台上进行司法拍卖。司法拍卖公告如下：

公　告

××市××区人民法院关于上海××有限公司的股权180万股，比例为10%（第一次拍卖）的公告

发布时间：20××年××月××日××：××

××市××区人民法院将于20××年××月××日12时至20××年××月××日12时止（延时的除外）在××网络司法拍卖平台上进行公开拍卖活动，现公告如下：

一、拍卖标的：

上海××有限公司的股权180万股，比例为10%

评估价：1800万元

起拍价：1260万元

保证金：126万元

加价幅度：5万元

二、竞买人条件：

（一）凡具备完全民事行为能力的公民、法人和其他组织均可参加竞买。如参与竞买人未开设××账户，可委托代理人（具备完全民事行为能力的自然人）进行，但必须在竞价程序开始5个工作日前向法院提交委托资料（随带营业执照副本、授权委托书、委托代理人身份证等），经法院确认后可参与竞买。

（二）竞买成功后，竞买人（法定代表人、其他组织的负责人）须与委托代理人一同到法院办理交接手续。如果买受人本人因客观原因无法来法院签订成交确认书或者领取标的，那么买受人应向法院提交经公证的委托书，并由代理人携带经公证的委托书原件、委托人和受托人身份证明原件，到法院签订成交确认书、领取标的。如委托手续不全，竞买活动认定为委托代理人的个人行为。

（三）重要提示：竞拍人为自然人的，其家庭或个人应当符合限购政策（含商办类）要求，否则由其自行承担房产不能过户等相应法律后果。

三、本次拍卖活动设置延时出价功能，在拍卖活动结束前，每最后5分钟如果有竞买人出价，就自动延迟5分钟。

四、拍卖方式：设有保留价的增价拍卖方式，未达保留价不成交。

五、标的物以实物现状为准，法院不承担拍卖标的瑕疵保证。特别提醒，有意者请亲自到相关部门详细咨询限购、过户（包括经济适用房、两限房、保障型住房、商办类房产）等相关政策，过户风险自行承担。未咨询的竞买人视为对本标的现状的认可，责任自负。

六、拍卖成交买受人付清全部拍卖价款后，凭法院出具的执行裁定书、协助执行通知书及拍卖成交确认书自行至相关管理部门办理标的物权属变更手续。标的物交付手续由买受人自行办理，所有涉及的税费及办理权证所需费用按法律规定办理，所欠缴的物业、水、电、气、供暖费等均由买受人承担。

七、对上述标的物权属有异议者，请于20××年××月××日前与本院联系。与本标的物有关人员【案件当事人、担保物权人（质押权人）、优先购买权人等】均可参加竞拍，不参加竞拍的请关注本次变卖活动的整个过程。如本标的的优先购买权人未参加竞拍，则视为放弃优先购买权。优先购买权人参加竞买的，应于竞价开始五个工作日前向本院提交合法有效的证明及申请书，资格经法院确认后才能参与竞买，逾期不提交的，视为放弃优先购买权。申请人提交免交保证金申请的，应于竞价开始五个工作日前向本院提交合法有效的证明及申请书，资格经法院确认后才能参与竞买，逾期不提交的，视为放弃免交保证金参与购买权。应当事人已在本拍卖公告前以能够确认知悉的合理方式通知，因联系方式变更或下落不明而无法通知的，在本公告发布后满五日视为已经通知。

八、买受人逾期未支付拍卖款或未办理交接手续，法院可以裁定重新拍卖。买受人悔拍的，交纳的保证金不予退还，依次用于支付拍卖产生的费用损失、弥补重新拍卖价款低于原始拍卖价款的差价、冲抵本案被执行人的债务及与拍卖相关的被执行人的债务。悔拍后重新拍卖的，原买受人不得参加竞买。重新拍卖的成交价低于原拍卖价款的，该差价与原拍卖佣金及实际产生的费用，一并由原买受人承担，从原买受人预交的保证金中扣除。扣除保证金数额不足的，由原买受人补交；拒不补交的，强制执行。无正当理由悔拍不排除对个人征信所造成不利后果。

九、拍卖竞价前意向竞买人须在××注册账号并通过实名认证（已注册××账号需通过实名认证），在线支付竞买保证金，具体要求请阅读竞价页面内的《竞拍须知》及××网络拍卖平台告知的司法拍卖流程（拍卖前必看）的相关准则。拍卖结束后未能竞得者冻结的保证金自动解冻，冻结期间不计利息。本标的物竞得者原冻结的保证金自动转入××市××区人民法院指定账户，拍卖余款在20××年××月××日15时前缴入法院指定账户（户名：××，开户银行：××，账号：××），拍卖未成交的，竞买人冻结的保证金自动解冻，冻结期间不计利息。竞得者缴纳余款时需注意法院账户中户名括号"( )"为英文半角小括号。竞买人在拍卖竞价前请务必再仔细阅读本院发布的拍卖须知。

重要提示：拍卖标的保证金金额在1000万元及以上，或企业参与竞买的，请竞买人务必提前5个工作日完成报名及保证金缴纳手续。如因竞买人未按此条提示规定的时间完成报名及保证金缴纳手续，导致××在拍卖结束前未能全额收到竞买人缴纳的保证金，无法为竞买人开通竞买权限，所产生的一切后果由竞买人自行承担，上拍法院与××网拍平台均不就此承担任何责任。

十、依照《最高人民法院关于人民法院网络司法拍卖若干问题的规定》（法释〔2016〕18号）规定，竞买人成功竞得网拍标的物后，××网拍平台将生成相应《司法拍卖网络竞价成功确认书》并公示，确认书中载明实际买受人姓名、网拍竞买号等信息。

竞买人在拍卖竞价前请务必再仔细阅读本院发布的拍卖须知。疫情期间本次标的不组织预展。

四、案件一波三折

拍卖成交后，法院受理各债权人的参与分配申请，该AMC也制作了债权证明资料，寄送给法院，要求参与分配。这时候，法院通知AMC，案外人丙公司向法院提供了一份借款合同，证明甲公司欠丙公司××××万元款项未还，也要求参与分配。

如果丙公司的借款系真实存在，则将大大稀释AMC能够参与分配的债权比例，受偿金额将远远低于预期。项目经理和代理律师、分公司法律部仔细讨论，最终得出结论，该借款合同并非真实，目的是领取一部分股权拍卖款。

时间一天天过去，正当AMC准备向法院提交书面资料的时候，法院通知AMC已经据实驳回了丙公司的参与分配请求。AMC和其他债权人收到了法院寄来的《执行财产分配方案》，按照这个分配方案，AMC对丙公司享有的债权能够得到相当大比例的覆盖。这个案例告诉我们，只要不懈努力，积极找到债务人的财产，及时发起执行申请和财产保全，非抵押财产也可以实现可观的回款。

第三部分

政策思考篇

第十章　企业借款为什么会成为不良资产

在2018年全国政协“健全系统性金融风险防范体系”专题协商会上，国务院刘副总理没有使用金融专业术语，而是讲了四句大白话，“做生意是要有本钱的，借钱是要还的，投资是要承担风险的，做坏事是要付出代价的”。这四句话，向相关主体的喊话意味十分浓厚。

一、企业出险是流动性少了还是流动性多了？

近年来，国内一部分企业甚至是头部企业遇到了资金麻烦，银行贷款还不上，大股东质押股票被平仓，企业债券到期无法兑付，陷入危机中。对此，不同专家给出了不同的解释，有的说是金融没有支持实体经济，金融资源供给少了；有的说是货币政策传导机制不通畅，金融资源到达不了实体企业。真实的情况果真如此吗？我们一起分析一下。

以某知名A企业为例，2017年至2019年，A企业先后出售旗下资产回笼资金1100亿元，这还不包括海外资产的出清。来看看其负债、利润和现金流情况。据年报整理，2020年A企业名下商场、酒店板块，有息负债1700亿元，其中短期需要偿还的负债850亿元，营业收入400亿元，净利润140亿元，经营性现金流净流入130亿元；A企业名下影视板块有息负债70亿元，其中短期需要偿还的负债70亿元，营业收入60亿元，净利润-70亿元，经营性现金流净流入5亿元。

假设按照年化5%计算有息负债的资金成本，则A企业名下商场、酒店板块，每年需要支付的利息为1700亿元的5%即85亿元，即扣减前的年利润中有很大一部分是用来支付利息的，且年经营性现金流入130亿元远远不能覆盖需要偿还的850亿元负债。A企业名下影视板块因为经营亏损，情况更糟糕。经过分析A企业这个样本，我们得到以下结论：国内一部分知名企业遇到的困境，既不是金融供给少了，也不是货币政策传导出了问题，事实上恰恰相反，是流动性过分充裕，企业的杠杆大大超过了其自身的还款能力。

明天系、华信、安邦……这些已经出险或者其他在风险边缘的企业，犯了同样的错误，即他们认为"借钱是可以不用还的"。这是本轮化解金融风险过程中，一部分企业爆雷的根本原因，切不可本末倒置、倒果为因。当不顾企业实际大肆举债，认为"借钱不用还"的错误思维，遇上了信贷政策正常化，潮水退去时，才发现了这么多慨然"裸泳"的猛士。鲁迅先生在《记念刘和珍君》中写道，"真的猛士，敢于直面惨淡的人生"，这些反面"猛士"如今何尝不是如此呢？

二、企业陷入流动性风险的原因

（一）宽松的信贷供给。为了对冲美国次贷危机的外溢效应，国内曾一度实施积极的财政政策配合宽松的货币政策。由于层层加码，银行从"坐商"变成"行商"，主动上门给企业放款。特别是对大型企业，银行根据其披露的年报数据，不需要企业申请，可以主动授信，然后请企业用款。稀缺的信贷资源一时间到处泛滥，给企业一种取之不尽的错觉。世上没有免费的午餐，彼时的信贷投放终于成了"最后的晚餐"。现在监管部门压降杠杆率，这部分企业不应该再抱有侥幸心理。这不是一时的收紧，而是矫枉纠偏，引导信贷政策正常化。随着美国通胀预期加重，联储委员越来越倾向于加息，热钱流出不可避免，资金面不可能回到2008年前后的样子。

（二）宽容的监管环境。其时，监管环境趋于宽容，大幅鼓励金融创新、金融科技，混业经营、产融结合得到发展的空间，不少企业购买了金融牌照，收进中小银行、信托、保险、证券，银行存款、理财、信托产品、万能险资金通过关联企业源源不断地输送给大股东，在集团体内自我循环。另外，“一行三会”各管一摊的设置，也让企业可以在不同监管部门间左右腾挪，银监会检查的时候把资金调回银行，保监会检查的时候把资金调到保险公司，实际上已经是十室九空，掩监管部门耳目罢了。

（三）仍需健全的法治和社会诚信体系。法治体系仍需健全，一直是新兴市场国家需要补齐的短板，我国为此做了很多艰苦努力，取得了长足的进步。但是，在法院、法律、律师之外，还需要考虑司法制度是否完善、司法流程是否高效、司法结果是否公正严明，只有完善、高效、公正严明的司法体系，才能让债权人有积极性去选择通过司法诉讼追讨欠款，而不是自行催收或者借助民间催收。同时，社会诚信体系建设也有待加强。如果“老赖”的违法成本很低，借钱不还不仅不会受到惩罚，还可以继续获得新的信贷资源，那只会打击诚信者，鼓励失信者，产生道德风险。

（四）缺乏制衡的公司内部治理。首先，在民营企业中，第一代创业者担任董事长，配偶担任财务总监，兄弟姊妹分管采购、物流、销售，儿子担任总经理，这种家族企业的结构设计还较为常见。以“三会一层”为代表的公司内部治理结构表面上建立起来了，但并不能真正达到股东、董事、经理人互相制约的设计初衷。其次，股东间的制衡也没有得到应有重视。股份制改造不是企业包治百病的灵丹妙药，从这些年的实践来看，一种情况是股权结构过于分散，造成没有实控人；另一种情况是大股东通过不同的子公司名义出资，形成事实上的绝对控股。这两种股权结构都是有害的，前一种造成“内部人控制”，后一种造成“大股东控制”，失去了股份制的应有之义。

（五）“借钱不用还”的错误思维。首先，银行在请企业用款的时候，片面强调资金获得的便利性，对信贷资金有使用成本、需要偿还的这一点提得较少，这导致企业潜意识中认为短期借款可以通过循环支用，用于长期固定资产的投资，去造厂房、买设备、建员工宿舍、并购企业。其次，各级政府受政绩考核的驱动，对大项目、大投资、大产业、大园区情有独钟，通过配套国土使用、费用减免、税收返还、政府奖励基金等优惠政策，鼓励企业增加投资、扩大产能、新建厂房，而没有考虑过企业是否负担得起这些投资。最后，企业自身也要反思，除了受到银行、政府怂恿外，一部分企业存在“大而不能倒”的思维，认为快速把资产负债表做大到行业头部位置后，就和政府有了博弈的资本，即使出现资金链断裂的情况，政府考虑到社会影响、维护稳定，也不会坐视不理，会实施救助的。

（六）贷款与现金流的错配。企业从正常还款一步步到无力偿还，一般会经历以下三个阶段。第一阶段是正常还款，此时债务人的年经营性现金流净值大于贷款本金，能够在贷款到期时正常兑付；第二阶段是勉强还款，此时债务人的年经营性现金流净值小于贷款本金，但是大于贷款利息，能够保证每月按时兑付利息，贷款到期需要依靠“借新还旧”或者“过桥资金”；第三阶段是无力偿还，此时债务人的年经营性现金流净值既小于贷款本金，又小于贷款利息，当第一次出现无法兑付利息时，银行宣布贷款提前到期，实质性违约。正常的借贷关系应该是第一阶段，到了第二阶段已经暴露风险敞口，企业应该高度警惕，收缩投资，回笼现金流，不应该进一步拖到第三阶段。很显然，纵观这次出现风险的企业，不仅掉入第二阶段，而是已经位于第三阶段，是极不负责的。

三、一些启示和政策建议

（一）信贷供给对于大企业要从宽松回归正常化。上文已经论证过，这部分企业出险，不是由于金融资源供给不足，或者传导不通畅，恰恰相反，是金融资源过度供给的结果。如果把金融供给比作挂钟上的指针，以12点为正中，这条指针的问题不是落于12点的左侧，而是超摆到了12点的右侧，需要回调。只有正常的信贷供给，才能真实反映金融资源的稀缺性，依靠利率高低向企业发出正确的价格信号，促使企业按照经营收益率和贷款利率之比来决定能投资哪些项目，不能投资哪些项目。这个市场才会充分有效，减少扭曲。

（二）加强金融监管质效。监管姓监，要突出严的基调。市场能让企业自发选择有利于自身利益的行为，但很多时候这种行为对社会总效益而言，并不是有利的，需要政府部门来调控、管理，减少负外部性，比如反垄断、整治市场乱象、改善股东结构、加强企业信息披露、会计报表试行第三方付费等。对打着金融创新、金融科技的旗号，实际上是层层加杠杆，增加企业在正规金融体系外融资能力的行为，应该严肃打击。同时，应在国务院金融委的框架下，加强各金融监管部门之间信息共享、行动协调、法规互补，减少监管真空和盲区，形成监管一本账，从银行、保险、证券、信托的条条监管，改为按照企业主体来监管。

（三）健全法治和社会诚信体系。良好的法治和诚信社会有利于引导个人、企业形成正面的心理预期，表彰诚信者，处罚失信者。加大司法体系改革，可以参考浙江的“最多跑一次”改革，在法院开展“最多跑一次”，甚至“一次不用跑”。搭建网上、掌上数据平台，诉讼主体只需要在互联网上上载资料和档案，即可立案、开庭、接收判决书、申请执行。现在的微信司法小程序功能过于简单，全国诉讼案件也不可能只在一个小程序上解决，如此大的数据量，建议法院自行研发一个独立的APP。另外，社会诚信体系建设方面，一方面加强现有的失信人名单公开机制，但是也要注意保护个人隐私，防止暴力催收和骚扰；另一方面加大司法执行力度，对“老赖”形成震慑，不能简单搞终结本次执行，要争取实质性结案。

（四）规范公司治理结构。加强股东能力建设，让股东从“大股东”向“好股东”转变，从“幕后股东”向“台前股东”转变，从“代持股东”向“真实股东”转变，从“家族股东”向“公众股东”转变。避免出现“大股东控制”和“内部人控制”。要引导企业建立现代企业制度，摆脱依靠亲缘纽带的家族企业模式，建立规范的职业经理人制度，通过小股东、社会公众、信息披露、第三方审计机构对企业形成制衡，加强企业党的建设，以党委协调“三会一层”。

（五）树立“借钱是要还的”正确借贷思维。对于银行而言，提供贷款的时候要加强风险提示，让“借钱是要还的”理念深入人心，改革片面追求经济利益的考核体系，做到业务发展和风险防控两手抓，业务发展要奖励，但是后续出现风险就要追责。银行的贷款资金来源于广大储户，不是银行的自有资金，在使用上必须慎之又慎。对于各级政府而言，要改变唯GDP论英雄，这不是说GDP指标不重要，而是提出了更高的要求。在引进投资项目时，要充分考虑项目投资和区域经济发展、和企业自身实力的适配性，着眼可持续发展，与企业共同成长，不盲目干预企业铺新摊子、买新设备。对于企业而言，要把住方向，在银行和政府的推荐中冷静思考，不跟风；不应该有“大而不能倒”的错误观念。明天系、华信、安邦的例子就是最好的证明，不管企业规模做到多大，都不要痴想绑架政府。企业过度借贷，只能通过变卖资产自救或破产重组，在这个过程中，实控人要承受丧失控制权乃至企业倒闭的苦果。

（六）合理安排贷款和现金流。企业要关注资产负债率，更要关注流动性覆盖率，确保企业现金流净值可以覆盖短期负债，这是三阶段中健康的第一阶段。到了第二阶段时应该变卖一部分资产，以防风险事件造成的流动性闪崩。第三阶段是不被允许的，企业现金流不能偿付借款利息，离破产不远矣。

近期，B企业爆出资金陷入困境，截至2020年6月底，其总负债达3000亿元，期末现金及现金等价物达250亿元。这再次佐证了本书的结论，这部分企业出险不是因为去杠杆，而是因为其乘着信贷宽松，把银行流动性贷款和企业债券当成自有资金使用，“借别人的钱为自己买单”，现在潮水退去，到了还钱的时候了。杜牧在《阿房宫赋》中写道，“秦人不暇自哀，而后人哀之；后人哀之而不鉴之，亦使后人而复哀后人也”。希望企业家们以此为鉴，建立起“有借有还”的正确观念。

第十一章　怎么处置银行不良资产

20世纪80年代美国发生储贷危机，90年代北欧、拉美发生金融危机，90年代末亚洲金融危机，2008年美国次贷危机，随后欧洲受到波及爆发主权债务危机，肇始于金融部门的风险是如何引发一国、一个区域乃至全球性的危机的呢？

主要的情况有两种，第一种是一国宏观经济长期低位运行、GDP呈个位数增长或者负增长，第二种是经济繁荣后资产泡沫突然破裂。两种情况下金融机构持有的资产都会变成不良资产（NPL）。

以银行体系为例，不良资产积累给银行带来了不利后果：一是影响银行盈利；二是侵蚀银行拨备和资本缓冲；三是银行倾向于延期暴露风险敞口，继续向债务人提供不合理的信贷支持；四是减少银行发放新贷款的意愿和可用信贷资源；五是银行声誉遭受打击；六是市场信心流失。

故第一步，高风险银行因发生储户挤兑和无法偿付同业负债，使单体银行机构风险蔓延到同业，形成整个银行业的风险。第二步，银行业的信用中介功能暂时收缩或者失灵，市场流动性部分或者深度冻结，风险又从银行业传导到实体部门。第三步，为了救助银行业和实体企业，如美国次贷危机中救助银行、汽车制造商和保险公司，政府需要出具担保或者投入财政资金，对于财政状况薄弱的国家，由于信息不对称，随着坏消息不停传出，市场不信任政府有充足的资源进行救助，危机又进一步蔓延到行政当局，如此，金融风险、实体企业风险和主权风险互相交织、螺旋式下坠，最终引发经济危机。

金融体系在现代国民经济运行中的重要性，使得金融风险的处置不能期待延期和经济复苏，而应该采取一种前瞻性、快速、果断的措施，甚至是提前介入，化解未来预计可能发生的危机。这也是党中央、国务院提出化解金融风险、维护金融市场稳定的根本原因。

自金融监管部门主动提前引导风险释放以来，我国金融体系中特别是银行体系中的不良资产规模和比例有所上升，以华融、长城、东方、信达为代表的四家大型AMC，被监管部门赋予在本轮不良资产处置过程中发挥主责主业的重要使命。除了AMC以外，还有其他处置银行不良资产的方式，本书将对不同方式的重点进行阐述。

一、银行自行清收

这又可以细分为司法诉讼、破产清算、预重整、破产重整、拍卖抵押物、法庭调解、催收债务人和保证人、庭外和解、债转股、债务重组十种方式。司法诉讼、破产清算、预重整、破产重整、拍卖抵押物、法庭调解六种方式通过法庭实施，有赖于一国法律框架和司法环境的健全。法律包括公司法、破产法、民事诉讼法，及关于企业重组、税费计算的相关条例；司法指法院、公安等强制机关为了提高处置效率，而需要具备的司法效能。即便有健全的法律，但司法流程缓慢、不公平、低效，也无法取得好的处置结果。有了法院的裁定，这种判决对债务人和全体债权人都有强制效力，可以加快风险资产的化解进度。预重整方式近来在实践中的案例越来越多，其操作方式是债务人和债权人先行沟通，协商一致得出一个重整方案后，再提交法院裁定，这一方面缩短了司法流程，另一方面法院裁定对少部分不同意重整的债权人也具有强制效力，不至于因为少数债权人的抵制而长期拖沓。

催收债务人和保证人、庭外和解、债转股、债务重组四种方式不通过法院居间主持，而是银行和债务人自行的还款安排，对于债务人特别是还在经营中的企业而言，可以减少其声誉损失，不会因为诉诸法庭、遭受公开判决或查封财产而流失客户订单，避免进一步恶化企业经营情况，这是其有利的一面。但是相比法庭介入，双方达成新的还款安排要困难得多，一定程度上延缓了银行不良资产的处置进程。需要说明的是，不同于AMC，监管部门给予银行的权限要狭窄得多，本金减记、以资抵债几乎难以实施，债转股也需要通过银行AIC子公司才能进行，银行本身不能持有企业的股权。

二、银行资产核销

核销是比较简单的处置方式，把不良资产从银行资产负债表中移出，计提损失、账销案存权在，后续如果有回款，再冲减损失，增加银行利润。但是核销流程并不简单，按照财政部《金融企业呆账核销管理办法》，核销需要银行履行严格的内部授权和认定，出具合理的内外部证据，包括财产清偿证明、追偿证明等，无法取得法院、仲裁机构或政府有关部门出具的财产清偿证明等外部证据的，可凭财产追偿证明、清收报告、法律意见书等内部证据进行核销。内部证据应清晰、准确，并由拟核销呆账所属经办机构的经办人、部门负责人和单位负责人确认。在每个会计年度终了后6个月内向同级财政部门报送上年度呆账核销情况以及专项审计报告。之所以设置如此烦琐的手续，是为了防范银行随意核销坏账的道德风险，严肃财经纪律。在不同国家，实践中，监管部门对于银行核销的要求也不尽一致，甚至可以说是截然相反的。在我国，因为一方面银行体系不良率低，另一方面银行普遍有充裕的拨备和资本缓冲，所以监管部门要求银行“应核尽核”，以充分夯实资产质量；在其他国家，如个别欧盟国家，银行拨备单薄，监管部门希望银行核销要慎重，维持在最低限度即可。

三、银行出售不良资产

出售也是比较简单的处置方式，把不良资产卖给市场即可，这包括AMC、民间投资人、外资机构或者其他金融机构。出售有赖于两点，第一是不良资产市场的建立；第二是转让的合理定价。先说不良资产市场。首先，区别于股市、基金、信托、理财等其他各类金融市场，不良资产门槛相对较高，普通投资人了解不良资产的少，缺乏不良资产的专业知识培训和投资者教育。其次，不良资产是非标准化产品，还没有统一的交易基础设施（银登中心已经在试点单户对公和个人不良批量转让）。以上两个原因决定了我国不良资产具有市场不深、流动性不高、敏感度不强的特点。

再说转让的合理定价。首先，不良资产如果按照账面价值从银行转出，银行利润最大化，交易对手承受损失；反之，不良资产如果按照公允价值（真实价值）从银行转出，交易对手利润实现最大化，银行要承受一定损失。交易价格的高低，是银行和交易对手间的博弈。实践中，银行出售不良资产的定价，由预期未来现金流贴现和银行费用开支加总构成，其交易对手承接不良资产的定价则是另外一种维度，即其认为这是一种投资行为，该由预期投资回报率减去风险溢价构成。这样算下来，应该采用大幅折扣才能有足够的安全边际去保证投资回报。

其次，国内不良资产市场买受人主体为AMC和民间投资人，美国则是对冲基金和私募基金，完全不同类型的交易对手，决定了完全不同的预期回报率，美国不良资产市场参与者的回报率要求要远远高于中国。

再次，当处于危机中的时候，市场失灵，投资者恐慌性抛盘，本能选择安全系数更高的资产，此时银行出售不良资产，价格势必会有较大的折扣，不能真实体现资产本身的价值；当经济逐渐恢复，从谷底走出时，作为主要抵押品的住宅和商业房产市场复苏，价格攀升，不良资产价值势必向上补齐，这个时间段中银行出售不良资产，会减少损失。

最后，价格的充分发现，有赖于信息的充分披露。银行贷款资料的透明、清晰，抵押权证的完备、确权，都有助于提高出售价格。

四、不良资产证券化

美国次贷危机以来，国内投资人曾经一度对证券化没有好感，一概认为证券化产品就代表了高风险，其实不然。第一，资产证券化的设计初衷，是提高资产流动性和满足各类投资需求，其把一组预期现金流汇集在一起，通过分设信用等级不同的优先、夹层、次级三档（有的为两档或者更多档），以不同的风险偏好、投资回报满足不同投资人的需求。不良资产支持证券就是其中的一种产品，银行把不同企业、不同区域、不同行业的不良贷款组合放入资产池中，预期其未来回现金额，分层出售，以吸引不同的买家。

第二，银行在ABS中可以设置回购条款或超额收益条款，这取决于银行对不良资产的判断，如果不良资产无法产生任何收益，带有回购条款的转让中，交易对手可以要求银行赎回；相反地，如果不良资产在经济上行期间，产生了远超预期的回现，对于超额部分，银行和交易对手通过超额收益条款，对这部分收益按比例分成，实现利润的二次分配。

第三，通过资产证券化，把非标的不良资产变成了一种标准化金融产品，在交易所市场发行，可以引入更多的投资客和更低的融资成本，提前收回部分出资金额。一次分层的简单ABS，其底层资产易于披露，是公开、透明、可见的，如果没有第三方信用增级，也不会大幅改变底层资产的实际风险等级，投资风险基本是可控的。引发2008年国际金融大危机的二次、三次、多次分层CDO，底层资产风险大幅增信，这在国内监管现阶段是不允许的。

五、政府对银行实施救助

政府救助一般只发生在具有系统重要性的大型银行或者与同业高度关联的银行身上，一方面政府如果不及时出手，很有可能会演变为系统性风险；另一方面依靠银行自救或私人部门已经无法解决问题，只有当局动用财政或行政资源时，才能协调处理。政府救助，包含三种方式。

一是政府担保，正如我们在爱尔兰金融危机初期看到的那样，2007年9月30日，爱尔兰政府宣布为国内银行业的所有债务提供为期两年的全额担保，并宣称担保是“无条件和不可撤销的”，被担保规模合计3750亿欧元，为爱尔兰年度GDP的270%。这种救助方式一开始并不需要真实动用财政出资，只是一种安抚市场情绪的口头承诺，但是随着银行还在不停披露巨额损失，储户对政府担保失去信心，爱尔兰的担保计划很快失败。从这个案例中我们可以得出结论，“口惠而实不至”的救助，只适用于经济实力雄厚的国家，或者财政状况充裕的国家，可能可以达到改变市场预期的结果。

二是政府注资。当银行不良贷款高到一定程度时，银行资本金被大量侵蚀，财政被迫对部分银行进行注资，获取银行的优先股、认股权证、优先级债权、信托权证等，实现阶段性的国有化，待银行经营好转，政府退出投资，获得利息、股息和投资收益，美国实施的问题资产救助计划（TARP）即是如此。

首先，许多政府在注资后直接介入银行高管和职工薪酬的分配中，对其进行限薪，以平息纳税人认为公共资金救助了贪婪的资本家的愤怒。美国“占领华尔街”运动爆发，就是因为这个原因，一方面政府动用财政资金救助大型金融机构；另一方面造成巨额投资亏损的高管们还拿到天价年终奖。其次，政府注资中一般要求银行缩减其庞大的资产负债表，剥离非核心资产，以减少风险敞口。最后，现在各国都明确，在政府资金救助前，银行债权人要先充分实施自救，通过次级债减记等方式吸收损失、分摊债务，以避免道德风险。

三是存款保险。存款保险制度，在美国自大萧条的1934年成立至今，已经平稳运行80多年，州注册的非联储会员银行必须参保联邦存款保险，联邦存款保险公司（FDIC）成功关闭重组上千家金融机构。2015年，中国的存款保险制度正式实施，各家银行向保险机构统一缴纳保险费，一旦银行出现危机，保险机构将对存款人提供最高50万元的赔付额。2019年，存款保险基金公司成立，由央行金融稳定局副局长担任法定代表人。

六、在银行体系外成立专门的AMC

当一国银行体系的不良资产达到一定程度时，政府可以决定是否在银行体系以外成立专门的坏账公司——AMC，来承接银行不良资产。

从各国实践来看，首先，AMC可以是国有的，也可以是私营的。东亚基本是国有的，欧洲的爱尔兰坏账银行国有资产管理局（NAMA）成立时是公私混合股本，后来变成纯国有，西班牙的“坏账银行”（SAREB）是私人资本控股，因为欧洲认为私营形式效率更高，能更快速地处置不良资产。但是AMC作为承担化解金融风险、维护金融稳定职责的机构，私人控股与公共目标间的矛盾，也不能不得到重视。

其次，AMC可以是一家，也可以是多家。考虑到经济体量，大多数国家选择成立一家AMC，如韩国的资产管理公司KAMCO、瑞典的资产管理公司SECURUM，来集中处置本国各银行的不良资产。只有中国成立了华融、长城、东方、信达四家AMC，这样安排的初衷，一是四大行当年每家的不良资产体量都很大，四家AMC可以一一对应；二是增加互相之间的竞争。

再次，各国法律赋予了各家AMC不同的权限，马来西亚的资产管理公司Danaharta权力比较大，允许其在司法程序以外根据需要扣押债务人财产，以提高处置效率。层级较高的AMC将有可能推动法律、司法环境的变革，如加快企业重组、破产进度的法律。

最后，需要说明的是，AMC的目标是多重的。一是清理银行资产负债表，恢复银行信用中介功能；二是实现最大化回收资产；三是维护金融稳定；四是调节金融资源错配，把有限的信贷资源从僵尸企业身上移出；五是支持实体企业降杠杆；六是推动建立不良资产交易市场，并通过与投资人交易对其进行不良资产知识的教育，扩大市场流动性；七是减少信息不对称。

多目标决定了对于AMC的考核将更为复杂，一方面作为商业主体，AMC有利润考核；另一方面其承担的社会责任又难以量化出来。另外，AMC的职责中，是注重发挥“管理”功能，对不良资产精细运作，提升其价值；还是注重发挥“处置”功能，对不良资产快速变现，投入新的不良资产收购，这两点哪个更为优先，在各国实践中也存在分歧。不良资产处置快慢除了与资产本身有关外，还受到一国宏观经济周期的影响。如果国家宏观经济长期低迷，应该快速处置不良资产；如果经济后续将会好转，资产价格会上涨，快速变现显然是不明智的。

第十二章　国家决定成立单独的金融资产管理公司解决不良贷款

四大AMC是1997年全国金融工作会议上为了化解国有银行巨量不良贷款而设立的处置机构，其间国家对AMC的主要定位发生了两次大的转变，这种转变的过程，可以看成是整个国家从后计划经济时代转轨到社会主义市场经济时代，这样一种渐进式改革的缩影，也与国有银行改革、国有企业改革遥相呼应。AMC此后成为我国金融体系中一种常态化设置的机构探索发展，笔者作为AMC从业人员，将对22年改革的经过进行简单回顾，大多数是大家已经知道但是了解得不那么系统的内容，以期照亮来时路。

我国华融、长城、东方、信达四家大型AMC在22年发展中，先后经历了三个阶段。第一个阶段是政策性时期（1999—2006年），国内AMC诞生，其间有两次大规模剥离，1999年第一次剥离国家开发银行、中国工商银行、中国农业银行、中国银行、中国建设银行的约1.4万亿元不良资产，2004—2005年第二次剥离中国工商银行、中国银行、中国建设银行、交通银行的1.1万亿元不良资产。第二个阶段是商业化时期（2007—2016年），四家AMC完成政策性任务，向市场化转型，收入银行、保险、证券、基金、信托、期货等金融全牌照，成为综合金融服务商。第三个阶段是股改后的规范发展新时期（2017年至今），中央提出“三大攻坚战”和监管部门引领回归不良资产主责主业，在前两个阶段发展的基础上，明确了以不良资产为业务资源，以多种处置工具为手段，对不良资产、困境企业、高风险机构进行多维度、深层次、长链条开发与管理的功能定位。

一、国内银行体系技术性破产创造了AMC

匈牙利科学院院士、哈佛大学教授雅诺什·科尔内提出预算软约束概念，来分析计划经济为何没有效率，并因此成名。他认为在计划经济中不存在能够自负其责、独立决策的企业，政府通过指令下达年度贷款总量规模，企业不需要为自己的行为负责，在金融领域的表现是财政和银行贷款对企业形成软约束，浪费严重，形成大量的呆坏账。原中投公司副总经理谢平说，国有独资银行同属于一个“父亲”。在这种框架下，银行退居成不求回报的“第二财政”，也没有内控机制和风险管理概念，相当一部分发放出去的贷款无法收回。

1997年泰国无预警宣布泰铢对美元贬值，引发亚洲金融危机。再看国内，从20世纪90年代初开始，国有企业间的“三角债”问题逐渐发酵，A企业欠B企业货款，B企业欠C企业货款，C企业又欠A企业货款，企业之间欠款形成相互交织的链条，进项收不到货款，没有资金采购原料，生产只能停摆。加上缺乏激励、职工只进不出、企业办社会负担过重，在民营企业和外资企业的夹击下产品滞销，陷入大面积亏损的危机。中国工商银行、中国农业银行、中国银行、中国建设银行四家专业银行，加上政策性银行国家开发银行，资产负债表上的大量贷款到期无法收回，1998年不良率攀升至33%，快速侵蚀银行的资本金，与国企相伴到达崩溃的边缘。

成立AMC大幅降低了国有银行的不良率。原中国人民银行副行长、原国家外管局局长吴晓灵回忆，1998年中国人民银行一次性降低存款准备金率，从13%下降到8%，银行体系释放出2700亿元资金，用于购买财政部发行的特别国债，财政部用收到的资金向银行注资，在实际资金不变的情况下，增加国有银行2700亿元的资本金。2700亿元解决数额庞大的不良贷款还是力有未逮，1999年国务院决定成立华融、长城、东方、信达四家AMC，按照母体行一一对口剥离1.4万亿元不良资产，把国有银行从技术性破产的边缘拉了回来。2003年底，成立中央汇金公司，使用外汇储备第二次向国有银行注资，同时采用招拍卖方式再次大规模剥离了银行的1.1万亿元不良资产，彻底清理了国有银行的资产负债表。此后，国有银行引战股改上市，成为今天世界一流的银行集团。

成立AMC大幅降低了国企的杠杆率。AMC承接银行资产后，把相当一部分国有企业的短期债权置换成中长期股权，有效降低了资产负债率。据2002年《中国金融年鉴》，截至2000年末，国家经贸委拟定债转股企业580户，已完成569户，金额3951亿元，其中513户企业债转股方案已得到国务院批准，债转股金额3247亿元。债转股企业资产负债率至2000年从73%降到50%以下，共减少利息支出近200亿元，其中80%的债转股企业实现扭亏为盈。

成立AMC解决了银行直接持有企业股权的问题。银行继续通过提供贷款服务支持企业，但是不拥有企业股权，也不被企业控制。这一方面是为了避免银行成为美国摩根集团一般的行业托拉斯[①]，成为不受控制的金融巨兽。另一方面也是为了避免出现日本、韩国的财阀集团。财阀集团的特点是实体企业通过控制银行，把银行异化为自身体系内的“提款机”，通过向社会公众吸收存款补充流动性，事实上成为不受资本约束的庞然大物。

从政策性剥离到招拍卖剥离是AMC市场化改革的重要一步。与第一次对口剥离不同，到了2004—2005年第二次剥离时，银行向四家AMC同时开放，通过竞标价高者得，其中华融公司中标及受托中国工商银行不良资产包2686亿元，长城公司中标中国工商银行不良资产包2569亿元，东方公司中标中国工商银行不良资产包1212亿元，信达公司中标中国工商银行、中国银行、中国建设银行、交通银行不良资产包4586亿元。这是一种市场化行为，AMC要

---

① 垄断组织的高级形式之一，由许多生产同类商品的企业或产品有密切关系的企业组成。旨在垄断销售市场，争夺原料产地和投资范围，加强竞争力，以获取高额垄断利润。

核算资产包的预计回款金额，理性报价，如果收购价超过最终的回款，就会形成亏损。

二、国内经济起飞为AMC商业化转型提供了客观条件

2001年中国加入世界贸易组织（WTO）后，融入经济一体化所带来的开放红利，让持反对入世观点的人始料不及，全球市场、全球投资、全球人才、全球技术注入，国内经济在经历农村家庭联产承包责任制、乡镇企业崛起、城市企业扩大自主权、要素价格放开后，迎来一轮影响最为深远的刺激。AMC在2006年完成政策性处置时，国内经济正处于年均两位数快速增长的周期，作为逆周期特点明显的四家AMC，赖以生存的不良资产主业供给不足，客观上要求AMC寻找新的业务方向。

在结束政策性任务后，不同国家的坏账公司经历了不同的命运。韩国资产管理公司（KAMCO）进入个人不良领域，推出信用恢复基金和国民幸福基金；瑞典资产管理公司塞克拉姆（SECURUM）转型为不动产经营公司，聚焦房产开发和物业销售。四家AMC走上了不同的发展道路，其时中国金融领域迎来政策松绑、鼓励创新的第一轮改革，国有银行先后引入境外战略投资者，国外的软件、评级公司、信息披露、内部控制机制、客户经理制度也一同被引入。中国工商银行引入高盛集团，交通银行引入汇丰银行，中国银行引入瑞银集团，中国建设银行引入美国银行。2005年交通银行在中国香港上市，2007年在境内上市，2005年中国建设银行在中国香港上市，2006年回归A股，2006年中国银行先后在中国香港、中国内地上市，2006年中国工商银行在中国香港和中国内地同时上市，2010年，中国农业银行先后在中国香港和中国内地上市，国有独资银行改造为股权分散的公众公司，接受股东和社会监督。

商业银行改革的成功，给AMC的改革指出了方向。AMC从存量不良资产中寻找问题金融机构的股权，或者直接介入中小型高风险金融机构的重组，先后拿下银行、保险、证券、基金、信托、期货等金融牌照，在此基础上进

行股份制改造。2013年信达公司在香港上市，2015年华融公司在香港上市，东方公司和长城公司也引入战略投资者，完成股改，建立起董监高制约的现代企业制度。

三、供给侧改革和严监管背景下AMC进入规范发展的新时期

为应对2008年次贷危机造成的有效需求不足，中国政府果断实施了“四万亿计划”，以平息经济短期内的波动。中央财政资金、省市县政府投资、银行贷款推动的企业投资三管齐下，需求侧投资、消费、出口的“三驾马车”中投资一项就带动整个国民经济恢复增长，中国成为率先走出国际金融大危机的国家。

大幅投资的后果是某些行业重复建设，出现产能过剩，投资边际回报率降低，企业竞争激烈，生产越多，亏损越多。国家此后出台措施，对内在供给侧实施改革，对外开展“一带一路”倡议。在供给侧改革下，过剩行业进行了关停并转，银行放款结构性收敛，一部分前期过度负债（贷款和发债）、多元化扩张的中小企业陷入困境，银行不良资产率升高。据银保监会统计，2018年底我国银行业不良资产余额为2万亿元，不良率1.89%，AMC再次承担起调节金融资源错配的重要任务。调节金融资源错配，是指在没有市场竞争力、不环保、技术水平不高的企业身上，过多占用了社会稀缺的金融资源，应该把这部分企业的贷款额度释放出来，转移给价值链中上游的企业，支持它们做大做强。

不良资产供给重新增多，是AMC回归不良资产主责主业的时代背景。今时不同往日，20年前的AMC，特点是政策性机构、财政兜底、内部监督、行政命令、任务考核、国有独资；20年后的AMC，特点是市场化机构、财政隐性背书、社会监督、董监高决策、绩效考核、国有控股。这是中国从计划经济向社会主义市场经济渐进式改革的结果，是中国金融行业20年改革的成功缩影。

第十三章　处置不良资产的最优解

在我国，处置银行体系不良贷款的主力，是以华融、长城、东方、信达为代表的大型资产公司。四家资产公司作为财政部控股的国有金融公司，在处置不良资产的过程中，与各级政府、债务人（即企业）的利益并不一致。三方从各自利益最大化的角度出发，提出不同的处置思路。本书将对此进行罗列分析，通过提出最优、次优、最劣策略，推导三方多赢的最优解。令人意外的是，这个最优解与我们的第一直觉是不相同的。

一、资产公司、政府、企业的不同诉求

一方面，资产公司作为商业化经营的独立法人，以追求利润为经营目标。举一个例子，如果把银行比作云南种植鲜花的大棚，把不良贷款比作鲜花，那么资产公司就是开设在城市里的花店，资产公司从银行采购“鲜花”，经过修剪、包装后，或打捆或单支地向投资人出售。不良资产是资产公司生产加工的产品，买卖之间的价差决定了资产公司能获得多大的营业收益。从这个角度来看，资产公司必然是以追求最大化利润为经营宗旨，处置债权时期望价格能够经由充分公开，在接近完全竞争的情况下收获最高的一个报价。另一方面，资产公司又承担了化解金融风险、维护金融稳定的社会责任，对于市县一级的纳税大户、著名商标、稳岗企业、出口先进，在处置过程中不得不考虑其牵涉的各方面，审慎采取措施（特别是司法措施），从而使原本简单

的I型处置，变成受多因素共同纠缠的W型处置。

市县一级政府，从第一层次来说，是一方经济的“守夜人”，对于所管辖区域的经济发展，负有最直接的责任。特别是十一届三中全会以来，国际知名经济学家张五常认为，我国市与市之间、县与县之间因为政治激励形成了“经济竞赛”。广树企业主体、营造营商环境、发展区域经济、带动人民致富成为主政官员政治升迁中的重要考核内容。不良资产债务人因为贡献税收和就业岗位，政府在第一时间的选择必然是帮扶、救助、维稳，避免企业停产，甚至在更坏的情况下破产清算。从第二层次来说，政府除了关注债务企业本身如何被处置以外，还在更广的范围内有其诉求。这包括企业被拍卖的国土使用权如何重新利用；能否通过引入更大的外部投资（招商引资）重整债务企业，这样当债务企业不得不倒闭时，他经营的产业能够继续保留下来得到发展；等等。从第三层次来说，某些大的债务企业中，历史上政府或通过基金，或通过国资平台做过股权投资，或者是在救助企业过程中有帮扶资金投入，为了这些财政投入（国有资产）不至于变成沉没成本（无法收回），政府有强烈的动机去确保这些资金得到妥善安排（完全受偿）。

债务企业相对上面两个主体，应该是最简单的。其目的最单纯，就是以最小的代价重新出发。这里面有两种情况，第一种情况借款是企业自用；第二种情况是借款他用，企业仅仅作为保证人，为第三方企业借款承诺担保，其自身并没有实际用款。第一种情况下，假设企业从银行借款1000万元，那么1000万元就是它实际支用的，或者用于购买原料，或者增添生产设备，或者归还其他贷款了，总之它是用款的主体，无法归还贷款是因为钱花完了。第二种情况下，同样假设借款是1000万元，企业为第三方企业担保，它没有用1000万元去购买原料、增添生产设备、归还其他贷款，而是分文未动，第三方企业是用款的主体，但第三方企业钱花完了，无法归还贷款，担保企业要代为履行还款责任。第一种情况下，不管从法律上还是从道义上，企业都负有还款的责任；第二种情况下，从法律上，担保企业有还款的责任，道义角度并不这么明显。

二、资产公司、政府、企业的互相博弈

不同的诉求，决定了不同的处置思路。下面把三方的策略放入博弈论中，如下页表格所示。

首先，对于资产公司而言，最优策略无疑是立即起诉/充分竞价，这种选择最大限度地排除了人为因素的干扰，流程花费时间最短，同时由于信息充分披露，不存在信息不对称的情况，竞价转让的最高报价即是资产所能实现的最大化价值。次优策略是先和政府或者企业调解，调解失败后启动司法诉讼，竞价过程中因为政府介入或者债务企业干扰，在不完全充分的市场竞争中实现转让，这种情况下的转让价略高于资产公司的成本，但远远没有达到最大化回现。最劣策略是政府以会议纪要、帮扶专班的形式，发函资产公司要求其冻本停息，金融机构不得抽贷，不能启动司法诉讼，出资无法收回，只能等待政府主导的重组结果。在债权转让的过程中，政府通过设定非常具体的买受人准入门槛（最低注册资本要求、国资背景、行业背景、区域限制、亩产税要求），或者债务企业逐个劝退意向买受人，实际上最终只有一名被政府或者企业认可的买受人出价，这个价格和资产公司成本持平，甚至亏损，让金融机构承担债务化解的苦果，这对于资产公司而言，是最糟糕的情形。

其次，对于政府而言，最优策略是先主导资产公司和债务企业的调解工作，如果双方能达成共识，资产公司的资金投入能够回本，企业的债务负担又减少了，可以继续维持正常运转，保住财政收入和就业岗位，维护社会稳定。次优策略是政府以会议纪要、帮扶专班的形式，发函资产公司要求其冻本停息，金融机构不得抽贷，不能启动司法诉讼，出资无法收回，只能等待政府主导的重组结果。在债权转让的过程中，政府通过设定非常具体的买受人准入门槛（最低注册资本要求、国资背景、行业背景、区域限制、亩产税要求），或由债务企业逐个劝退意向买受人。最终或者国资平台出手受让，或者政府从外部引入实力更强大的第三方企业重整，这样资产公司遭受一定损

失，新的承债主体（债务人或者债权人）接过原债务企业的资产，原债务企业换壳到新企业，同样维持了财政收入和就业岗位。最劣策略是资产公司直接起诉/转让，抵押物按照市场价格拍卖，或者债权由政府不了解的企业接走，这样债务企业可能倒闭，原有的产业也可能保留不住。

最后，对于债务企业而言，最优策略是资产公司不得起诉，由债务人指定的第三方承接债权，这样受让价格最低，企业事实上免除了相当一部分的债务负担，可以重新回到市场。次优策略是政府居间调解，和资产公司达成一个双方都接受的价格，在竞价过程中，由于参与的受让人仅仅限定在一个较小的范围内，买受人摘走债权后，债务企业可以和属意的新的债权人展开谈判。最劣策略是资产公司直接起诉/竞价，企业的核心资产（厂房）以较高的价格被拍卖，企业失去厂房，同时由于受到诉讼影响，企业订单流失，走向破产。或者债权以充分竞争的价格被第三方买走，新的债权人要求企业全额偿付本息（包括罚息、复利、迟延履行金），企业的债务负担更加沉重。

资产公司、政府、企业各自的三种策略

主　体	最优策略	次优策略	最劣策略
资产公司	立即起诉 / 充分竞价	调解不成起诉 / 不完全充分竞价	无法起诉 / 指定主体受让，不竞价
政府	调解不成起诉 / 不完全充分竞价	无法起诉 / 指定主体受让，不竞价	立即起诉 / 充分竞价
企业	无法起诉 / 指定主体受让，不竞价	调解不成起诉 / 不完全充分竞价	立即起诉 / 充分竞价

三、资产公司、政府、企业如何多赢？

通过上表我们可以直观地看出，如果从各自角度出发，资产公司、政府、企业的策略是大相径庭的，简单来说就是资产公司要效益最大化，政府要保经济、保市场主体，企业要以最经济的方式化解债务。同时满足三方诉求的帕累托最优[1]无法达到，这也是为什么在实践中，一户债权的处置会经过这么长的时间，因为债权处置不仅仅受到一个作用力，而是同时受到来自各方的作用力。现实中除了主要参与主体即资产公司、政府、债务企业，次一级的参与主体还有银行、法院、律师、拍卖公司、评估公司、民间投资人、外资机构、委托清收机构等，他们对于债权处置中的作用力（影响）弱一些。不同的作用力同时在不良资产处置过程中发力，自然会延长处置周期，加大处置的难度。

从三方的微观角度看，根据表格所列，“立即起诉/充分竞价”分别是资产公司的最优策略，政府的最劣策略，企业的最劣策略；“无法起诉/指定主体受让，不竞价”分别是资产公司的最劣策略，政府的次优策略，企业的最优策略；“调解不成起诉/不完全充分竞价”分别是资产公司的次优策略，政府的最优策略，企业的次优策略。让我们更进一层，从三方的微观角度中跳脱出来，站在整个社会实现效用最大化的角度看，无疑“调解不成起诉/不完全充分竞价”是可以推导出的纳什均衡。这个结论初看下似乎有悖常识，与市场经济要求充分竞争、信息充分披露的理念不一致，监管部门也一直要求资产公司按照商业化运营，实现利益最大化，财政部的绩效考核就是如此设定的。但是，通过表格我们发现，这可能并不是对整个社会最有益的策略。

下面来分析一下，我们得出这个结论的合理性。第一，在“立即起诉/充分竞价”情况下，资产公司获利最多，但是因为抵押物或者债权被拍卖，企业失去核心资产（厂房），或者需要偿付全额本息（包括罚息、复利、迟延履行金），为了买回厂房或者清偿债务，需要筹集大量资金，不然没有厂房无法生产，涉及诉讼导致订单流失，企业收入端没有进项，支出端需要偿付欠款，无法继续维持经营，停产清算是大概率的结果，这样企业缴纳给政府的税收

① 资源分配的一种理想状态。假定固有的一群人和可分配的资源，从一种分配状态到另一种分配状态的变化中，在没有使任何人境况变坏的前提下，使至少一个人变得更好。

和聘用的就业岗位消失。

第二，在“无法起诉/指定主体受让，不竞价”情况下，因为不存在竞争市场，买受人成为唯一参与者，最低价即是成交价，价值规律失灵，资产公司的国有资产无法收回，要计提减值，国家（中央财政）遭受损失。这种策略实际上是市县一级政府和债务企业把债务化解过程中的沉没成本转嫁给中央政府，让财政来买单。另外，市县一级政府过度干预，使得债务企业受到了逃废债的负面激励，笔者在尽调中甚至了解到有债务企业不以为耻、反以为荣、自认高明、开班授课的情况，容易引起其他企业效仿恶意逃废债，对诚实履行还款义务的债务企业更是一种反向激励，形成劣币驱逐良币的氛围，久而久之，失信风气蔚然成风。

综上所述，“立即起诉/充分竞价”“无法起诉/指定主体受让，不竞价”分别是资产公司和债务企业的最优策略，但都会给其他主体造成重要的损失，从全社会的效益角度看，“调解不成起诉/不完全充分竞价”可能是最优策略。在这种情况下，资产公司先和企业（重要的还可以纳入政府）谈判，双方寻求各自满意的处置思路，如果调解成功，资产公司获得收益，债务企业得以继续生存，市场主体得到维护；如果调解不成功，资产公司按照正常流程起诉/转让，三方实现多赢。

第十四章 金融资产管理公司拥有金融全牌照

众所周知，华融、长城、东方、信达四家资产公司，在2005—2006年提前完成政策性不良资产处置任务后，开始向能够提供全牌照金融产品的现代综合金融服务商转型，先后收购或发起设立了银行、证券、保险、信托、期货、基金、担保、融资租赁、期货、房产开发等一级子公司。同时，四家资产公司在全国各省设有分支机构。经营金融业务的子公司如何与经营不良资产的分公司协同发挥作用，一直是各家资产公司的重要课题，它们针对这一课题做了大量的探索。本书将对此进行阐述，分析目前发展中待厘清的一些问题，并据此提出建议。

一、分（子）公司架构的搭建

以长城公司为例，经过长城人20多年的艰苦拼搏，目前控股一级子公司有长城华西银行、长城国瑞证券、长生人寿保险、长城新盛信托、长城金融租赁、长城投资基金、长城国际控股、长城金桥咨询、长城国富置业。另一边，在全国各省、市、自治区设有分公司32家，初步建构起一家跨越经济顺逆双周期、能提供全方位金融产品的综合金融机构。

具体来看，首先在分公司层面，在北京、天津、河北、山西、内蒙古自治区、辽宁、吉林、黑龙江、上海、江苏、浙江、安徽、福建、江西、山东、河南、湖北、湖南、广东、广西、海南、四川、重庆、贵州、云南、陕西、甘肃、新疆维吾尔自治区、宁夏回族自治区、上海自贸区设置了省级分支机构，基本上覆盖了大部分的省级行政区。这些分公司所在的省份和区城中，有京津冀、长三角、粤港澳大湾区、东北老工业中心、中部、长江经济带、北部湾、海南自贸区、黄河流域、“一带一路”，对应国家各主体功能区，从不良资产主业上服务好国家各项发展战略。通过收购、管理、处置不良资产，矫正在企业身上错配的金融资源，让更多的信贷被释放后重新流向有发展前景的中小微企业、民营企业。从这点上来说，资产公司是货币政策传导机制中之前被忽视的一股能量。

我国央行负有稳定币值、促进经济增长的使命，这个政策使命可以通过制定货币政策、投放流动性、调整基准利率、调整银行准备金率、公开市场操作、窗口指导、控制银行派生货币等方法实现。货币政策最终目标是稳定币值、促进增长，中间目标是货币供应量、信贷投放流向等。在货币政策传导到实体经济的过程中，银行发挥了信贷增量的作用，那么资产公司就承担了优化存量信贷结构的职责，这一点，在之前的研究中并没有得到较多的阐述或者重视。资产公司通过向银行支付不良资产的收购对价，银行逾期贷款实现回收，然后把这部分资金重新放贷给有前景的中小微企业，资产公司收购不良贷款后，向债务人催收，债务人或者自行偿付或者拍卖抵押物，归还欠款给资产公司，这样形成一个闭环，信贷资金从淘汰企业身上转给有前景的企业，这个过程就是资产公司优化存量信贷的功能，也是货币政策传导机制的一部分。因为文本讨论的是分（子）公司协同，所以在此不展开叙述。

其次在子公司层面，长城华西银行经营存款、个人抵押贷款、个人消费贷款、企业贷款、票据、拆借、信用卡、理财、贵金属等业务。长城国瑞证券经营证券承销、保荐、自营、融资融券、客户股市交易等业务。长生人寿保险经营人生险、健康险、年金险、银保业务。信托、融资租赁、基金、咨询、房产开发子公司业务不再赘述。长城国际作为在香港的平台公司，主要负责对接海外资金、获取国际先进金融机构发展经验、收购本港及大湾区的不良资产，以及为境外上市打基础。可以说，个人、家庭、企业会用到的金融服务，都涵盖进来了。

二、分（子）公司协同的发展

金融业务协同发力，一直是个课题，它实质上是分业经营和混业经营的优劣分析。这个问题在资产公司存在，在刚刚向央行递交了金融控股集团申请的中信集团、光大集团存在，在大型商业银行存在（以中国建设银行为例，旗下有建信人寿、建信基金、建信金融租赁、建信信托、建信期货、建信AIC、建信财险、建信养老等一级子公司），在大型保险集团存在（以平安集团为例，旗下有平安银行、平安证券、平安保险、平安信托、平安期货），在大型央企存在（以中国石油为例，旗下有昆仑银行、中意人寿），在省级国企存在（以上海国际集团为例，旗下有浦发银行、国泰君安证券、上海农商银行、上海票据交易所），在大型民营集团存在（以蚂蚁集团为例，旗下有网商银行、支付宝、蚂蚁消金），在国外也存在。

第一阶段，建立联系。这是协同业务的最原始阶段，即资产公司旗下各个省的分公司和子公司之间建立沟通渠道，这包括领导沟通渠道、员工沟通渠道、业务沟通渠道。通过见面会、座谈会、党建、团建、联谊等方式，在领导层、员工层之间初步认识，了解对方从事的业务范围和业务产品，其与外部同业的差异，交换联系方式、互相授课培训，加深印象。

第二阶段，共享客户。这是分（子）公司互相认识以后首先能想到的协同。比如，某企业购买了不良资产对应的抵押物（如厂房）后，需要信贷支持，可以通过分公司介绍给银行子公司。又如，某企业不良债务的抵押物是位于中心城市的商住综合体，分公司联系到房产开发子公司，引入建筑施工单位、开发商，继续投入资金盘活，项目结顶出售回款。

第三阶段，统一领导。在总公司层面单独设立负责管理子公司（或协同业务）的部门，在前期分（子）公司横向自行交流的基础上，纵向建构垂直管控、服务的机构，即“条条块块”。总部部门统筹规划，将客户、业务在适合的分（子）公司间派发，通过建立统一的信息共享系统，形成“一对多”“多对一”的金融服务局面，最终在同一家企业身上既有不良资产，又有银行信贷、保险、证券等产品，增加了客户黏度，减少了信息不对称。

第四阶段，人员交流。在总部的统筹下，实行干部在不同分（子）公司交流、挂职、借调锻炼的人员流动机制。长于不良债权处置的去学习证券发行、长于保险理财的去学习银行信贷，长于评估估值的去学习房产项目运作。总之，通过人的流动实现业务的融合，培养一支精通各项金融产品的干部队伍。

第五阶段，完成搭建。通过人、系统、机制、数据、客户的共享，形成一个业务自动派发、主要经营单位牵头、多项产品营销、利润合理分摊、考核精准测算的正向循环。在这个体制里，各个金融产品通过精心设计，能“一揽子”满足客户的不同需求。不良资产是主体，其他金融服务是重要辅助，各司其职，互相配合。

三、分（子）公司协同中待厘清的问题

（一）业务开展是自上而下还是自下而上。自上而下模式的，总部部门拥有重要话语权，总部与大型企业或省级行政区签订战略合作协议，双方在总部层面建立工作联系机制，实行“总对总”合作，双方各自分（子）公司或职能部门在“总对总”框架内，按照总部指示开展业务。自下而上模式的，分（子）公司与有前景的民营企业或市级行政区自行接洽，双方有明确、即时的业务需要发生联系，经过多轮合作后，为了巩固已有的成果，双方可以签订战略合作协议。

（二）总部部门是行使管理职能还是作为服务支撑。这是两种迥然不同的思维方式，第一种情况的计划色彩较重，总部部门作为分（子）公司的上级主管，制定年初工作计划，提出目标，指导分（子）公司开展业务，年终进

行考核（奖惩并重），这种情况下分（子）公司作为下属经营单元，缺乏决策的自主性或者说不需要独立决策，上下级之间表现为行政命令的关系。第二种情况更加符合市场化经营原则，总部部门是作为提供服务、提供支撑、协调调度的角色，年初制定工作指引，更多地承担起行业研究职能，为分（子）公司开展业务提供智力支持，引导它们进入国家鼓励发展的区域、行业开展业务，分（子）公司层面无法解决的问题，上报总部处理，分（子）公司拥有相当权限的决策权，可以更加敏捷地对市场环境作出反应，相机决断，年终总部部门考核只奖励，不惩罚，以鼓励分支机构更加主动开展业务。

（三）分（子）公司经营是依赖母体还是自主展业。虽然银行、证券、保险、信托、基金、评估咨询、房产开发是以不良资产主业经营中的重要辅助手段作为定位，但这是否意味着分（子）公司的展业需要依附于公司母体？经过实践来看，认为“是”的这种观点是有点问题的。第一，如果只强调依赖母体提供客户，那分（子）公司久而久之便会失去自身的业务拓展能力。第二，只依赖母体公司共享客户，从某种程度上来说，是从总利润中划出一块给分（子）公司，这样对公司而言整体效益并没有增加，只是在不同局部的分配而已。第三，分（子）公司过于依赖母体，越来越成为系统内的一部分，远离了市场，在市场上没有话语权，不仅不能独立开发业务，甚至不能满足内部协同的需求，为了业务发展，有时只能放弃内部机构，和系统外同类型的头部公司合作。第四，如果过度依赖母体供给，没有竞争，分（子）公司的工作积极性可能降低。

（四）风险敞口是更大还是更小。一方面，正常情况下，分（子）公司共同对一家企业提供金融服务，可以从不同角度收集企业信息，最大程度上减少信息失真，如企业某个贷款逾期，企业大股东股权高比例质押，企业代发工资出现拖欠，等等，都能及时反映出企业存在的风险。从这个角度来看，风险敞口是降低了。另一方面，如果分（子）公司对企业的投后管理不够仔细，没有及时发现风险信号，那既收了不良贷款，又提供了信贷融资，实际上对企业的授信额度是加大了，这样导致信贷额度过于集中，风险敞口外溢。

（五）分（子）公司间互相报价是高于市场还是低于市场。分（子）公司作为总部的下设机构，互相之间提供服务（如评估、咨询、给不良资产估值）是一种关联交易行为，肯定不低于市场同类型交易的报价，不然有失公允的市场精神。但是，如果过犹不及，互相报价明显高于同业，那就是另一种不正常，这显然是不经济的行为。

（六）展业时是选择内部协同还是外包。这是第三点的延伸，如果内部效率不高，综合下来给企业的服务价格高于和外部机构合作的价格，这种情况下，内部协同无法获得客户，形成内部不经济，那被迫选择和外部同类型的头部金融机构合作，实际上分（子）公司就无法发挥协同效应。

（七）各参与方是共同负责还是牵头方负责。第一种，分（子）公司各参与主体都负责，容易形成"搭便车"效应，每个机构都认为对方在主导，自己不负有最终决定权，这种模式下容易演变成没有主体责任，互相推诿。第二种，总部挑选一家分（子）公司牵头，类似于上级法院指定一家下级法院管辖，这样明确了责任主体，牵头方统一负责项目推进，在实践中是可行的模式。

四、分（子）公司协同的政策建议

（一）"总对总"与"基层首创"相结合。"总对总"模式的好处显而易见，金融机构和企业在最高层达成共识，统一把可以合作的业务互相对接，在项目推进过程中，遇到困难，可以申请总部介入协调，高层谈判容易取得进展。"基层首创"模式则可能是现实中更多的情况，分（子）公司先在市场中发现业务机会，介入后经过一段时间的工作，与客户的关系比较融洽，可以通过总部把客户介绍给其他分（子）公司。

（二）总部应该是服务支撑平台。实践证明，在协同业务中，总部应该更多承担行业研究的职能，向分（子）公司出具研究报告、行业指引，提供智力支持。同时，在人、财、物、系统等方面提供保障，减少“管控”思维，因为业务分散在各省、市、区、县，且涉及不良资产、银行、证券等多种金融产品，总部对这些业务的了解不如分（子）公司翔实，分（子）公司可以对市场环境作出快速反应。

（三）分（子）公司经营要以自主展业为主，配合母体为辅。分（子）公司应该是市场中和同类型金融机构同台竞技的独立主体，在市场中独立拓客，培育自己的客户群，扩大影响力，力争成为所在行业或细分行业的头部金融机构。唯有如此，才不至于在母体系统中退化业务技能，同时在不良资产主业需要时，可以从各自金融产品上发挥重要辅助作用。总之，成为公司的创利机构。

（四）风险敞口要在集团层面统一测算。对于向企业的金融资源投放，既要考虑不良资产主业，也要考虑信贷、股票、基金、信托、融资租赁，从集团层面统一算账，计算总的敞口，保证客户集中度不突破监管规定，谨防企业在不同分（子）公司间套利、多头授信。同时，认真履行投后管理义务，及时发现企业风险预警信号，向总部汇报，共享信息，减少信息失真。

（五）分（子）公司间互相报价既不能低于市场价格，也不能畸高于市场价格。低于市场价格是关联交易检查的重点，但是畸高于市场价格也是不合理的，这样不如找寻外部机构合作，从经济角度看，是违反价值规律的。一旦总部不强制规定内部协同，分（子）公司必然会选择外包，这样成本显而易见地减少。

（六）展业时优先选择内部协同，在内部无法满足的情况下外包。分（子）公司作为母体的下设机构，共享同一套组织制度、企业文化、IT系统，有天然的亲近感，内部协同必然是最先选择。但是作为市场化条件下的商业机构，要考虑成本产出比，为了获取业务，要求向客户提供最有竞争力的金融产品，如果内部不经济，就只能和外部机构合作。

（七）开拓业务时明确牵头机构。为了避免“搭便车”效应，应该指定一家分（子）公司作为主导方，在其负责下协同开展业务，明确各分（子）公司在项目运行中的责任边界、利润分成，综合设计“一揽子”金融方案，重组债务企业，服务不良资产主业。比如，某大型民营企业经过重组后准备上市，分公司业务团队联系到证券子公司，合作设计首次公开发行的交易结构；再联系到境外平台公司，寻找海外资金充当基石投资人；再联系到基金子公司，通过基金形式入股一部分，综合设计“股+债”“可转债”“债转股”等多种退出方式。

第十五章　高风险金融机构的自救与他救

近年来，金融监管部门（人民银行、银保监会、证监会）先后对包商银行、锦州银行等风险金融机构实施重组或接管，我们简单回顾一下。2018年2月，安邦集团爆发严重信用风险，被原保监会接管，引入保险保障基金公司，重组为大家保险公司；2019年5月，“明天系”的包商银行因资不抵债，被人民银行、原银监会接管，接管期间由建设银行托管业务，引入存款保险基金公司、徽商银行、建设银行AIC子公司等新股东，发起设立蒙商银行；同月，锦州银行因同业负债被挤兑，触发流动性冻结，涉及金融机构交易对手达300家之多，单体机构风险有可能蔓延到同业，人民银行会同原银监会制定了风险处置和改革重组方案，引入了工商银行AIC子公司、信达投资、长城公司、汇达公司等投资者，并实施了1500亿元不良资产的大规模剥离。此外，2020年7月，银保监会依法对新时代证券、国盛证券、国盛期货三家机构实施接管，由中信建投证券、中航证券及招商证券、国泰君安期货分别托管业务；同日，银保监会对天安财险、华夏人寿、天安人寿、易安财险、新时代信托、新华信托六家机构实施接管。在此背景下，本书将对高风险金融机构，或者说问题金融机构的一些问题进行阐述，以期形成可供复制的救助经验。

一、高风险金融机构的定义

国内对于高风险金融机构，尚未有统一明确的界定和表述。就市场投资者而言，主要是按照“事后原则”来追认，当一家金融机构发生重大风险了，就称其为高风险金融机构，认定标准偏主观、随意。就金融监管部门而言，人民银行是按照“打分法”来确定一家机构是否归为高风险金融机构。人民银行每季度会对国内金融机构进行一次评级，评级维度包括金融机构的资本管理、资产质量、流动性、关联性、跨境业务和稳健性等宏观审慎管理要求，评级结果共分11档，分别是“1—10”档和“D”档，数值越大代表风险程度越高，D代表风险程度最高。2020年第四季度，人民银行完成了4399家银行业金融机构的央行评级，大部分机构评级结果在安全边界内（1—7级），资产占比98%。其中评级结果在“绿区”（1—5级）的机构2089家，“黄区”（6—7级）机构1868家，“红区”（8—D级）高风险机构442家。从机构类型看，大型银行评级结果最好，大型银行、外资银行和民营银行中无高风险机构，城市商业银行中12%为高风险机构，农合机构（包括农村商业银行、农村合作银行、农信社）和村镇银行风险最高，高风险机构数量分别为285家和127家。

进一步来说，在宏观审慎评估体系（MPA）中，资本管理涉及的监管指标包括资本充足率、杠杆率、总损失吸收能力（TLAC）；资产质量涉及的监管指标包括不良贷款率、拨备覆盖率；流动性涉及的监管指标包括流动性覆盖率、净稳定资金比例、遵守准备金制度情况；关联性涉及的监管指标为同业负债等同业业务规模和占比；跨境业务涉及的监管指标为跨境融资风险加权资产余额。可以看出，不管是市场投资者，还是金融监管部门给出的，都没有用专业术语概括地描述。我们不妨根据实践，参考监管部门的指标，尝试来表述一下，即高风险金融机构是指发生资不抵债、流动性断裂或无法正常经营的金融机构。需要说明的是，三个前缀不要求同时满足，只要满足其中任意一项，即应当被视为高风险金融机构。举例论证，包商银行的问题是资不抵债，锦州银行的问题是流动性断裂，恒丰银行的问题是无法正常经营。

二、高风险金融机构与系统重要性金融机构的异同

高风险金融机构需要和系统重要性金融机构区分开来。2008年国际金融大危机后，作为对“大而不能倒”模式的反思，在2009年召开的二十国集团伦敦峰会上，成立了金融稳定理事会（FSB），负责针对金融体系的脆弱性提出新监管建议。2011年，金融稳定理事会首次推出全球系统重要性银行（G–SIBs）名单，具体认定标准交由巴塞尔委员会（BCBS）负责制定。巴塞尔委员以金融机构规模、关联度、可替代性/金融机构基础设施、复杂度、跨境活跃度五个维度的12项指标的加权加总，计算出得分高低，作为衡量全球系统重要性金融机构的标准。2020年人民银行、银保监会发布的《系统重要性银行评估办法》中，对“系统重要性”的定义为“金融机构因规模较大、结构和业务复杂度较高、与其他金融机构关联性较强，在金融体系中提供难以替代的关键服务，一旦发生重大风险事件而无法持续经营，可能对金融体系和实体经济产生不利”。

首先，从定义看，两者的概念中都涉及风险，高风险金融机构已经发生风险，其对金融体系和实体经济的影响存在不确定性，视资产规模大小、与同业的关联度高低而不同，资产规模大的、与同业高度关联的，会带来严重不利后果；反之，则是风险较小的单体机构风险。系统重要性金融机构还没有发生风险，但是因为它有庞大的体量、与其他金融机构深度纠缠、提供了某些无可替代的服务、组织架构高度复杂、涉及国际市场，如果发生风险必然对一国的整个金融体系带来严重不利后果。其次，从监管维度看，两者监管维度中都包括规模、关联性和跨境活跃度。因此，我们可以得出结论，高风险金融机构与系统重要性金融机构既不是并列概念，也不是母子概念，而是存在交集的概念。高风险金融机构的规模达到一定程度，就是系统重要性金融机构；系统重要性金融机构的风险达到一定程度，就成为高风险金融机构。同时满足高风险金融机构与系统重要性金融机构的，如果不妥善处置，

将给金融体系、一国经济带来严重的灾难性后果。

三、高风险金融机构的救助

（一）金融机构的自救。第一步，风险隔离。采取果断措施，阻止风险在时间上持续、在深度上恶化、在范围上蔓延。一是设立栅栏，把风险资产与正常资产相隔离，把自营投资性业务与传统存贷款业务相隔离，确保损失边界不外溢。二是及时澄清，对于重大不实信息、负面舆情，主动与市场各方做好沟通谅解，消除信息不对称，稳定储户、投资人、评级机构的信心。三是调整经营策略，提高信贷审核标准，对于抵押物不足值、债务人经营情况无法维持的贷款，不得放贷，严控信用风险；对于存量不良贷款企业，停止继续授信，不应期待通过贷款展期、借新还旧的方式延缓风险暴露，应防范信贷资产加速劣变。

第二步，降低杠杆率。主要是指前期依靠同业主动负债方式迅速做大资产规模的机构，要在条件允许的情况下降低杠杆率，减少资产负债，防范因信用分层、同业流动性瞬间凝结导致流动性闪崩。同时开展财务数据测算，主要聚焦于三方面：一是测算真实资产质量；二是测算在悲观和乐观两种情况下预计的损失规模；三是测算机构维持一周、一个月和正常经营情景下，分别需要的现金流量。

第三步，多种途径吸收损失。一是股东履行好主体责任，用当期及历年累计盈余、公积金、拨备、资本缓冲充分吸收损失；取消高管高额薪酬和延期支付。二是处置名下非核心资产，包括住宅和商业房产等不动产、财务性股权投资、子公司控股权。三是开展资产置换，以物权、股权折现换取现金流。四是剥离不良资产，在危机发酵过程中，折价出售不良资产是一种即时获取资金的途径，虽然此时无法按照资产账面价值转让，银行要承受大幅度折扣损失，但是越早处置，机构自身风险越不会恶化，最终对银行越有利。同时，银行出售不良资产后，可以卸下一批僵尸企业包袱，不用纠结于是否对它们继续发放贷款。五是引入新股东，通过发行优先股、认股权证、优先级债权、信托权证，引进新股东的资本。

第四步，实施债务重组。这一步涉及债权人利益，需慎重。本金减记对机构发债、银行间市场都会带去负面影响，反过来也会强化投资者教育。一是次级债减记，此为发行中的条款，不需要征求债权人同意，可以自行触发；二是进入破产重整，召开债权人会议，采用2/3多数表决通过的方式，不同债权人按照不同组别承担相应损失。债务重组的利处在于打破了刚性兑付预期，对监管而言，达到了教育市场和投资者的目的，不同机构债券的收益率因信用分层而分化，可以发挥价格的调配作用。弊端在于如果重组方案失控，片面偏袒债务人，债权人大面积蒙受损失，会引发逃废债的道德风险，市场信用中介功能收缩。

（二）金融机构的他救。首先，他救实施的主体可以是公共部门，也可以是私营部门。公共部门，第一类是一国的中央政府出手施以援助，中央政府拥有广泛权力，可以运用多种行政资源推动风险化解；第二类是财政部、央行、金融监管当局（如银保监会、证监会），财政部在提供资金支持上权限较大，央行可以按照某一对价购买金融机构发行的债券，给予流动性供应，金融监管当局可以抽调专业金融人才，空降风险机构，改善公司治理，或者通过第三方机构托管的方式进行微观救助。第三类是省、市一级政府出手，通过省财政厅、市财政局，或者省国资平台、市国资公司，向风险机构注资，取得控股权，需注意，如此则该机构的高管层会纳入省市政府管理的人事体系中。

需要指出，为了建立起市场自身的新陈代谢机制，政府及各部委的救助应当逐渐减少，当好“裁判员”，不当“医疗队”，通过市场机制和市场主体承担救助责任。一方面避免政府声誉与救助得失形成某种隐性挂钩，另一方面避免向市场发出“大而不能倒”“复杂而不能倒”“重要而不能倒”的信息，为被救助机构提供隐性背书。

第四类专业的风险救助机构，如以华融、长城、东方、信达为代表的大型金融资产管理公司（AMC），凭借多年化解不良资产的经验，和综合金融牌照，同步实施“剥离不良资产和注资”，帮助风险机构摆脱困境；又如以存款保险基金公司、保险保障基金公司、信托业保障基金公司为代表的金融安全网，通过“接（托）管和注资”，帮助风险机构摆脱困境。第五类是大型国有金融集团、大型国企，向其注资，获取股权，或者整体收购合并，把该风险机构变成其子公司，在体系内消化损失。第六类是私营部门，即大型民营集团。考虑到我国金融业采取准入制，民营集团往往愿意以此机会取得实质性控股权，拿到一张金融牌照。相比公共部门，私营部门对资金的敏感性更高，一般要经过多轮尽调，考虑各方利弊，制定了详细的救助方案后，才会举牌，以节约资金成本、规避投资风险。

其次，他救的方式有以下几种，按照介入程度从低到高排序。一是政府提供担保。正如我们在爱尔兰金融危机初期看到的那样，2007年9月30日，爱尔兰政府宣布为国内银行业的所有债务提供为期两年的全额担保，并宣称担保是“无条件和不可撤销的”，被担保规模合计3750亿欧元，为爱尔兰年度GDP的270%。这种救助方式一开始并不需要真实动用财政出资，只是一种安抚市场情绪的口头承诺，但是随着银行还在不停披露巨额损失，储户对政府担保失去信心，爱尔兰的担保计划很快失败。从这个案例中我们可以得出结论，“口惠而实不至”的救助，只适用于经济实力雄厚的国家，或者财政状况充裕的国家，可能可以达到改变市场预期的结果。

二是各种保障基金。存款保险制度从美国的大萧条时期1934年成立至今，已经平稳运行80多年，州注册的非联储会员银行必须参保联邦存款保险，联邦存款保险公司（FDIC）成功关闭重组上千家金融机构。2015年，中国的存款保险制度正式实施，各家银行向保险机构统一缴纳保险费，一旦银行出现危机，保险机构将对存款人提供最高50万元的赔付额。2019年，中国的存款保险基金公司成立。此外，2008年，保险保障基金公司成立。2014年，信托业保障基金公司成立。

三是外脑支援，即托管。这种方式比较简便，外部机构仅仅更换高风险机构的董事会、监事会、高管层和财务，通过派驻、调入外部机构高管担任高风险机构负责人的方式，调整其业务经营方向、风险偏好、公司治理机制和企业经营文化，从激进、粗放式发展转向稳健、资本集约式发展。这种方式适用于金融机构自身实力较强，只要调转经营思路，即可解决问题的情形。

四是剥离不良资产。这种方式也比较容易操作，AMC与风险机构之间确定一个合适的转让价格，AMC整体打折接走问题资产，风险机构获得作为交易对价的一次性现金流，既卸下了不良包袱，又补充了资本金，开源节流并举。

五是实施注资。这又分成财务性投资和控股，财务性投资又称阶段性持股，不以取得控股权为目的，是对风险机构持续发展抱有信心，通过当期现金流注入，换取未来某一时间点退出时获得回报。控股则偏重战略性，投资人不以一时盈利损失为考量，着眼于纳入风险机构后，对集团整体短板的补强。按照每股账面价值注资，银行利益最大化；按照每股实际价值注资，投资方利益最大化。以政府注资为例，当银行的不良率高到一定程度时，银行资本金被大量侵蚀，财政被迫对部分银行进行注资，获取银行的优先股、认股权证、优先级债权、信托权证等，实现阶段性的国有化，待银行经营好转，政府退出投资，获得利息、股息和投资收益，美国实施的问题资产救助计划（TARP）即是如此。

六是承接债务式重组。这种救助方式比较复杂，救助方既要承担被救助方的原有债务，又要提供新的资本金，以保证被救助方持续运营，实际上是一种并购。风险机构以失去独立市场主体资格，成为全资子公司为代价，换取救助方体系内的无限流动性支持。承接债务式重组，许多时候的转让对价为零，容易激发起各方的救助积极性，但是并购完成后，不断有新的债务被披露出来，需要施救方花费比预期大得多的资金和资源。另外，这种救助实施后，是保留原品牌继续经营，还是更换为母公司的品牌经营，在实践中也存在分歧。

第十六章　国外不良资产公司运作考察

2008年爱尔兰银行业陷入深刻危机，起因是银行贷款过度扩张，新增的贷款又主要投放于住房部门，低息贷款与房价攀升互相刺激。突如其来的国际金融大危机改变了单边宽松的货币环境，银行流动性在吸收存款和市场融资两方面遭遇冻结，房价跌落，爱尔兰金融业面临崩溃。2009年爱尔兰政府不得不成立坏账公司NAMA，接收银行体系中的不良资产，以清理银行资产负债表。本书对NAMA的组建与公司治理"四支柱"、发行债券、业务开展模式和经营成果进行研究，在此基础上提出健全我国AMC发展的建议：（1）制定金融资产管理公司的专门立法；（2）AMC增加永续债、二级资本债发行规模用于补充资本，次级债中的减记、转股条款可以更好吸收损失，并建议央行CBS互换范围中纳入大型AMC为主体发行的永续债；（3）AMC收到不良资产后，债务人应第一时间向AMC提供商业计划书，AMC对其评估；（4）大型AMC凭借不良资产抵押物，探索通过成立SPV或子公司参与房产开发建造，增加国内保障性租赁住房市场的供给。

自20世纪90年代起，受益于更有优势的人力成本和较低的公司税，爱尔兰经济进入增长快车道，这一过程持续了10年左右。自2002年起，各家银行为了争夺信贷规模和市场占有率，纷纷大举扩张信贷，其中大部分敞口集中在房产开发贷款、住宅按揭贷款和房产抵押贷款，2008年全国银行业对开发商的贷款为2000年全年贷款的140%，个人房贷为2000年全年贷款的175%。

宽松的货币政策和顺周期财政政策一道，助推资产价格上涨、房价居高不下，爱尔兰国内住宅物业价格于2007年前后到达顶峰，比1996年上涨了300%以上。

2007年4月，美国次级贷款危机爆发，大洋彼岸的欧洲银行业受到波及。2008年2月，英国北岩银行因储户挤兑被政府国有化。3月16日，美国老牌投行贝尔斯登被摩根大通以每股2美元的价格收购（贝尔斯登一年前的股价为130多美元），全球震动。3月17日，爱尔兰银行股价大跌，仅一天内市值蒸发35亿欧元，惨烈程度被形象地称为“圣帕特里克节大屠杀”（St Patrick’s Day Massacre），爱尔兰金融市场流动性就此冻结，房价崩盘，资产泡沫破裂，银行业陷入一场深刻的危机。失控还在继续。9月15日，美国第四大投行雷曼兄弟申请破产。9月30日，爱尔兰政府宣布为国内银行的所有债务提供为期两年的全额担保，并宣称担保是“无条件和不可撤销的”，被担保规模合计3750亿欧元，为爱尔兰年度GDP的270%。但是由于银行还在不停披露巨额损失，储户对政府担保失去信心，担保计划很快失败。2009年1月，盎格鲁爱尔兰银行被国有化。6月，政府开始着手成立一家专门的坏账公司。

一、爱尔兰坏账公司的组建与公司治理机制

2009年11月，爱尔兰《国家资产管理机构法》（National Asset Management Agency Act，NAMA法案）批准生效，决定专门成立一家处置银行体系不良资产的坏账公司——国家资产管理局（National Asset Management Agency，NAMA）。在欧盟当年7月发布的一项规定中，指出只要同时满足三个条件，新成立的机构就可以被视为政府体系之外：一是由私营企业控股；二是临时成立；三是为应对危机。为了不增加政府负债，爱尔兰政府引入三家私人投资者新爱尔兰保险公司、爱尔兰人寿投资管理公司、爱尔兰联合银行投资管理公司，每家出资1700万欧元，合计持股51%，政府另外持股49%。同时，作为政府与私人投资者之间股东协议的一部分，政府可以对NAMA公司作出

的任何决定行使否决权，以保证政府对NAMA的控制，NAMA在公司治理方面拥有四大支柱。

支柱一：自负盈亏的市场主体。按照设计，NAMA是一家这样的坏账公司，即从银行移走庞大的资产负债表，按照商业可持续原则尽快使上述资产负债归零，它在购买不良资产、维持自身运营和支付资金成本方面的所有开支，都由自身承担，依靠不良资产处置实现收支平衡，在此过程中，尽最大可能收回债务人所欠的所有债务。NAMA以318亿欧元从银行购买了债权本金742亿欧元的不良资产，是全球管理资产规模最大的坏账公司之一。经过十多年的探索，如今NAMA对自己的使命和定位进一步明确为两大方面，一是处置房产抵押贷款，尽量提高回收率，向财政部上缴尽量多的利润；二是向社会提供住宅、学校、长租房等公共产品，投资物业开发，为社会民生作出积极贡献。

支柱二：严格的立法和外部监督。首先，NAMA是按照NAMA法案成立起来的，其权力、职能、治理安排在NAMA法案中作了详细的规定。董事会独立行使职权，但是必须以遵守NAMA法案为前提。NAMA法案编制详细，共分15部分：第1部分为前言；第2部分为NAMA，下设五章，分别是机构与职权、董事会、首席执行官、与爱尔兰国库管理局（National Treasury Management Agency，NTMA）的关系、服务商；第3部分为融资、规划、审计与报告；第4部分为合作银行准入，下设两章，分别是银行申请与NAMA合作、剥离不良资产范围；第5部分为估值方法；第6部分为不良资产收购；第7部分为收购内部审查，下设两章，分别是评审专家、估值小组；第8部分为NAMA与银行的关系；第9部分为NAMA对资产享有的权力；第10部分为法律诉讼；第11部分为保密与对外提供信息；第12部分为合作银行行为规范；第13部分至第15部分为附录与兜底条款。

其次，财政部、议会、审计署都对NAMA负有监督责任。NAMA需向财政部长提供年度报告和账目、向财政部长和爱尔兰议会提交季度报告、出席议会委员会、接受审计署审计主计长的审计。NAMA法案第227条要求财政部长每5年评估一次NAMA在实现处置方面的进展，评估结果对外公布。

支柱三：内部治理机制。第一，公司董事会由9人组成，均为财政部长任命，任期为3—5年，连任不得超过两届。董事会设主席1名，不定期召开董事会议，就重要议题进行讨论和投票表决，表决采取多数通过原则。按照NAMA法案第十八条，董事会的职责是制定公司战略并确保公司目标实现。第二，董事会下设四个法定委员会，包括审计委员会、信贷委员会、财务和运营委员会、风险管理委员会；两个咨询委员会，包括规划咨询委员会和薪酬委员会。委员会成员根据分工不同，分别由财政部长和董事会任命。第三，高级管理层现有6名成员，分别是首席执行官（CEO），负责住宅交付、资产回收和资产管理三个部门的首席业务官，战略与公共关系主管，首席法务官，首席财务官。

支柱四：制定了一套行为准则。包括《董事会及其委员会成员行为准则》《NAMA员工行为准则》《不良资产处置守则》《风险管理守则》《收购反委托业务最低服务标准守则》。其中《董事会及其委员会成员行为准则》自2019年首次由董事会批准，此后按年根据实际情况修订；《NAMA员工行为准则》对员工保守商业秘密、利益冲突、内幕交易、市场操纵、禁止不当处罚、个人利益披露和个人账户交易等事项作出了明确规定，强调了NAMA对最高行为标准的承诺；《收购反委托业务最低服务标准守则》适用于从银行收购不良资产后继续委托银行管理，由银行提供服务的情形。值得注意的是，根据NAMA法案第二百二十一条，试图游说NAMA工作人员是违法行为，且NAMA工作人或董事会成员有义务向爱尔兰警察局告发此种行为，如果不这样做，也是违法行为。一经定罪，将面临最高1000欧元罚款，或者最长6个月的监禁，两罚可以并处。

二、爱尔兰坏账公司的业务开展模式

（一）发行高级NAMA债券和次级NAMA债券购买银行不良资产。爱尔兰各银行机构需向财政部长提交申请，表达与NAMA合作剥离不良资产的意愿，并提交相关证明文件，财政部长会同央行行长和金融监管局决定是否同意银行申请。NAMA没有资金购买不良资产，而是采取发行债券的方式支付对价，银行出售债券获得现金。318亿欧元购买款项中，95%为高级NAMA债券，期限1年，到期可以展期，由国家提供担保；5%为次级NAMA债券，年利率5.264%，为无担保的次级债。这样安排是为了避免NAMA对资产的收购估值过于乐观，如果住宅市场没有回暖，处置抵押物回款远远达不到收购估值，可以通过次级债减记的方式抵销一部分出资。

（二）设定私人投资者回报上限。NAMA本质上是一家代表爱尔兰政府意志，化解金融体系庞大不良资产的危机处置机构，设立时仅仅是出于不增加政府负债率的目的引入三家私人投资者（此后调整为四家）。NAMA经营成果在相当程度上要归功于政府的强有力支持，所以其明确规定私人投资者只能按照爱尔兰10年期国债收益率获取回报，如果达到绩效目标，NAMA可以进一步买回私人投资者持有的股权，支付他们投资份额的10%作为回报，且上限不超过500万欧元。剩余利润全部归NAMA所有。

（三）两步估值法。NAMA成立后从银行和咨询机构招揽熟悉金融业务的专家、人才，组成工作团队。对于收购估值方法，采用两步估值法。第一步，对抵押物按照市场变现价格估值，在此基础上乘以一定的抬升率；第二步，对抵押物按照长期处置价格估值，即市场流动性恢复正常、住宅市场回暖的价格，在此基础上乘以一定的贴现率。这样，第一步估值结果为估值底，第二步估值结果为估值顶，形成一个估值走廊，在此区间内向银行报价。需要特别说明的是，NAMA认为银行发放贷款时的尽调不充分和贷款文件质量不高，后续可能存在一些没有披露的法律瑕疵，所以不能按照投资组合模型估值，而只能以特定时间点的房产价值来估值，比如本金1亿欧元的贷款，抵押物估值乘以贴现率/抬升率后的最终结果为6000万欧元，那么NAMA支付的收购对价就是6000万欧元。

（四）和债务人协商解决。这不是指NAMA丧失了处置的主动性，恰恰相反，NAMA对于债务人，要求其先出具一份商业计划书，以列明债务人现在的财产情况和未来的偿债计划，偿债计划需要具备商业可行性，并在3—4年内偿付大部分债务。这种做法，和笔者在《不良资产处置中的三方博弈》一文中的结论相同，即“立即起诉/充分竞价”“无法起诉/指定主体受让，不竞价”分别是坏账公司和债务企业的最优策略，但都会给其他主体造成重要的损失。从全社会的效益角度看，“调解不成起诉/不完全充分竞价”是最优策略，在这种情况下，坏账公司先和企业（重要的还可以纳入政府）谈判，双方寻求各自满意的处置思路，如果调解成功，坏账公司获得收益，债务企业得以继续生存，市场主体得到维护；如果调解不成功，坏账公司按照正常流程起诉/转让，这种策略下实现了效益最大化的多赢。

商业计划书中应该包括以下几方面的内容。一是债务偿还目标；二是追加实控人个人担保；三是变卖债务人名下非抵押财产；四是撤销债务人在此期间对外转移的财产；五是完善担保条款瑕疵；六是出售实控人名下超过最低生活需要的住宅，把大房子换成小房子；七是把债务人名下房产的租金收入用于还款；八是增加其他抵押物；九是做余值二次抵押；十是出售债务人名下非物业财产，包括艺术品、股权等；十一是申请NAMA继续提供信贷资金，完成在建房产项目，出售变现。

（五）NAMA审核债务人的商业计划书后，作出三种选择。截至目前，对其中的58%采取“支持”举措，18%采取“处置”举措，24%采取“强制执行”举措。这与国内AMC主要依靠债权转让与司法处置有显著的区别。“支持”着眼于长期合作，“处置”“强制执行”着眼于短期回款。需要说明两点，首先，NAMA只对已经进入司法执行程序的抵押财产进行公示推荐，对未进入执行程序的抵押财产不公开推荐，以保护债务人的隐私。其次，NAMA不负责抵押财产的销售，仅列明抵押财产的联系方式，包括债务人或者破产管理人或者房屋委托处置中介的联系方式，由他们去完成销售。

据NAMA 2020年工作报告，2020年其向财政部上缴利润10亿欧元，这是其录得的连续第10个盈利年。截至2020年底，NAMA已经实现现金回收460亿欧元，超过初始出资的318亿欧元，赎回了为购买不良资产而发行的全部320亿欧元债券（包括10.6亿欧元剩余次级债），从私人投资者手中回购了全部5600万欧元股权，实现100%由政府控股，已累计向财政部上缴利润20亿欧元，预计最终可上缴利润42.5亿欧元。

（六）在现金回收为主的方式以外，NAMA还直接介入房产开发、建造、销售、出租、减租业务。其先后开发了住宅、商业综合体、学校和长租房，以实现多样化处置。以长租房为例，NAMA成立了名为国家资产住宅物业服务公司（National Asset Residential Property Services，NARPS）的SPV，由NARPS直接购入抵押物的所有权，然后以20年租期出租给政府核准的住房部门（AHB）或者直接出租给市民。据NAMA 2020年工作报告，截至2020年底，其已经交付了19000套房屋。作为自主房产开发项目，NAMA仅在首都都柏林港区就拥有246亩产权，项目完工后，将建成面积37.8万平方米的商业综合体和2000套住宅，满足首都市民的生活需要。

三、国内AMC发展中面临的问题

（一）缺乏金融资产管理公司的专门法律。20世纪90年代末，中国政府成立华融、长城、东方、信达四大金融资产管理公司，2000年以国务院令的形式发布《金融资产管理公司条例》，条例共设置七章，其中第一章为总则，第二章为公司的设立和业务范围，第三章为收购不良贷款的范围、额度及资金来源，第四章为债权转股权，第五章为公司的经营和管理，第六章至第七章为其他一些条款及附则。

此后，最高院、发改委、财政部、人民银行、银保监会（原银监会）、证监会、外汇局等不同主管部门，先后下发过不同的规章和制度。初步梳理下，比较重要的有：《金融资产管理公司委托代理业务风险管理办法》《金融资产管理公司商业化收购业务风险管理办法》《关于进一步规范金融资产管理公司不良债权转让有关问题的通知》《关于进一步规范金融资产管理公司商业化转型过渡期间股权投资有关问题的通知》《金融资产管理公司资产处置公告管理办法（修订）》《金融资产管理公司资产处置管理办法（修订）》《金融资产管理公司并表监管指引（试行）》《金融资产管理公司监管办法、金融资产管理公司开展非金融机构不良资产业务管理办法》《关于规范金融资产管理公司不良资产收购业务的通知》《关于金融资产管理公司等机构业务经营中不动产抵押权登记若干问题的通知》《金融资产管理公司资本管理办法（试行）》《关于金融资产管理公司接受以物抵债资产过户税费问题的通知、金融企业不良资产批量转让管理办法》《关于银行业信贷资产流转集中登记的通知》《关于开展到期违约债券转让业务有关事宜》《关于审理涉及金融不良债权转让案件工作座谈会纪要》等。经过20多年的发展，在AMC经营、内控机制建设、资本监管、流动性监管、宏观审慎监管方面积累起一些行之有效的做法和经验，但是截至目前，国内还没有一部针对AMC的专门法律，对这一领域的规范加以总结和提炼。

（二）AMC收购不良资产的资金依赖银行授信。AMC不是银行，不能向储户吸收存款，收购不良资产的资金以银行借款为主。选取两家大型AMC为例，据信达公司2020年年报，截至2020年底，信达公司总负债1.32万亿元，其中借款5569亿元，应付债券3557亿元，借款占总负债的42%。借款中银行借款4418亿元；应付债券中金融债1118亿元，资产支持证券1029亿元，公司债225亿元，二级资本债182亿元，次级债26亿元。据华融公司2020年年中报告，截至2020年6月底，华融公司总负债1.56万亿元，其中借款7660亿元，应付债券及票据3388亿元，借款占总负债的49%。与AMC类似，国家开发银行与进出口银行也无法吸收个人存款，不同的是，政策性银行以发行债券为主要融资方式。据国开行2020年年报，截至2020年底，国开行总负债15.62万亿元，其中已发行债券10.72万亿元，发债占其总负债的68%；据口行2020年年报，截至2020年底，口行总负债4.72万亿元，其中应付债券为3.69万亿元，发债占其总负债的78%。

AMC资产负债表上的负债端以银行借款为主，这既与同样不能吸收个人存款的政策性银行不同，也与发行高级债券和次级债券的NAMA不同。首先，银行借款本质上是用储户的钱，发行债券是用投资人的钱，两者之间有明显的不同。储户存款以保证本金安全为前提，获取零风险偏好下的固定利息；投资人买入债券则是一种投资行为，根据不同的风险偏好主动配置不同的债券类型，国债可以看成无风险债券，公司债、金融债、企业债、城投债因为含有高低不同的风险，所以在市场中需要向投资人支付高低不同的利率，投资人购买债券前已经知晓未来有可能发生本金损失，收益与风险是相称的。AMC如果通过发行债券而不是向金融机构借款的方式收购不良资产，发生亏损时，购买债券的投资人应该分担这种损失。特别是永续债、二级资本债等次级债中明确设置了减记条款、强制转股条款，一旦触发，由股东和债权人共同吸收损失，有利于强化市场纪律。相反，银行储户没有任何义务要遭受本金的损失。

其次，银行借款特别是1年内到期的短期借款与不良资产3年的处置周期不适配，不适合需要“根雕”的潜在升值资产。1年时间过短，在此期间处置环境没有发生大变化，市场回暖需要时间，AMC年初买入年末卖出的增值空间并不大。拥有更长还款期限的债券更加适配不良资产行业特点，我国金融债一般时间为3—5年，最长可至30年，二级资本债一般为5+N年（到期后可以选择续期）、10+N年，永续债一般为3+N年、5+N年，长期廉价稳定资金的注入，有利于AMC跨越经济周期开展不良资产收处。

（三）在债权转让或司法诉讼前，缺少制度化的谈判环节。时至今日，打包转让和法律诉讼仍是AMC处置不良资产的主流手段，即“打包”“打折”“打官司”。AMC和债务人之间的关系，经历了两个不同的阶段。第一个阶段是1999—2006年。国内首次出现不良资产概念和经营不良资产的四大

AMC，在这个阶段，因为债务人法律意识淡薄，国内法制建设也较为落后，债务人对AMC采取敌视的态度，认为AMC是上门讨债。

第二个阶段是2017—2021年。2006年四大AMC完成政策性任务后，国内经济正处于持续高速增长期，银行体系的不良资产余额很少。到了2017年，为了化解产能过剩，供给侧改革出台，金融业主动对过剩行业去杠杆；同时，前期市场资金面宽松时大举借贷、发债、质押上市公司股权的企业因为多元化投资导致流动性断裂，从2017年开始国内不良资产迎来第二轮较大的供给。在这个背景下，AMC响应监管部门的引领，全面布局回归主业。第二个阶段和20年前相比发生了许多积极的变化，央行征信系统出台，法院被执行人记录全国联网，司法诉讼环境得到大幅改善，社会诚信体系建设取得长足进展，公民的法制观念也有了很大提升，债务人和AMC双方把不良资产处置作为一种市场化、法治化业务来对待，债务人需要AMC支持，AMC需要债务人配合，AMC向法院起诉被视为理所当然的常规动作，企业主往往主动联系AMC寻求解决办法。

在债权转让和司法诉讼的过程中，AMC通过代理律师、评估公司、拍卖行、网络拍卖平台（淘宝、360拍）等中间服务商加快处置进度和标准化，这产生一个问题，AMC自身的作用在一定程度上减少，极端情况下债权购入后没有和债务人充分联系，已经接近完成处置。债权转让是不良资产从AMC转移到民间，司法诉讼是拍卖债权项下对应的抵押物，两种方式快速高效，加快了资产周转率。但是AMC购入不良资产后，没有形成在处置前必须与债务人谈判的制度化机制，不强制要求债务人提供商业计划书，书面说明其如何还款，这样AMC无法判断对于哪些债务人可以支持，对于哪些债务人只能采取处置或者强制执行的措施，债务人因此失去一个可能走出困境的机会。

（四）以金融手段的价差为主要业务模式，对于债权项下抵押物开发不够。国际上的另类投资机构，除了赚取不良资产购入卖出的价差，还更多地直接从事物业开发、续建，赚取价值提升的利润，这一问题精细复杂，对从业人员的技术要求更加严苛。在不良资产业务开展中，AMC会遇到各类型的物业，涉及厂房、住宅、商铺、酒店、办公楼、工业区、小岛和海域的使用权。这些不动产分布在全国各县市，AMC目前仅对其中很小比例的项目进行开发，大部分都是作债权转让的金融处置。

以长城公司为例，在政策性时期，上海市浦东新区五角场一幢未完工的沪东金融大厦，因原施工方动迁还没完成便资金断裂，最后变成农业银行的抵债资产，后由长城公司处置，长城公司当时面临着转让还是续建的选择。长城公司上海办事处决定完成大楼建造，结顶后引入大型百货公司，这宗不动产变成了大西洋百货。此后，长城公司上海办事处接连运作位于上海西部的天诚银统大厦与斯格威酒店、南部的金穗大厦与新金穗集团、北部的政华大厦与南证大厦、中部的烟草大厦与城隍庙金豫公司，通过开发、续建发掘资产价值的做法得到财政部领导认可。

四、爱尔兰坏账公司的经验对国内AMC发展的政策启发

（一）完善金融资产管理公司法律法规。目前，我国法治建设不断深入推进，各领域法律法规不断完善。在金融业，已经有《中国人民银行法》和《商业银行法》，但是还没有金融资产管理公司的专门立法，AMC的运行和监管主要依靠国务院于2000年发布的《金融资产管理公司条例》及财政部、银保监会、证监会的部门规章，不同部门之间容易出现重复监管，监管标准和尺度难以统一。制定金融资产管理公司法既是全面依法治国的需要，也有利于规范AMC及从业人员的管理，使AMC更好发挥化解金融风险、支持实体经济的重要作用。自1999年成立第一家AMC以来，经过20多年的探索发展，以华融、长城、东方、信达为代表的大型AMC已经积累起一定的经验，这从全球来看都是非常特别的，为制定金融资产管理公司法提供了坚实的基础，也有助于总结中国在不良资产化解方面取得的经验，

为建设金融强国补齐制度短板。

（二）允许AMC采取灵活发债方式，前瞻预计资本需求，增强抵御风险能力。与NAMA不同，国内AMC维持运营、购买不良资产的资金主要来源于授信，这也与政策性银行主要通过发行政策性金融债补充资本的方式不同。银行授信源自储户的存款，发债募集的则是投资人的钱，两者性质上有所区别。AMC可以借鉴NAMA的方式，更多地通过直接融资市场补充资本。除了发行一般金融债，可以积极发行永续债、二级资本债等次级债以补充其他一级资本和二级资本，增强AMC抵御风险的能力，在风险来临时有效抵补损失。央行CBS互换范围在现有大型银行、股份制银行、大型城商行基础上纳入以大型AMC为主体发行的永续债，增强市场接受度和流动性。此外，鉴于次级债中明确有减记条款、强制转股条款等内容，有利于严肃市场纪律，真正发挥利率这一价格在资源配置中的信号作用，减记、转股一旦触发，能够充分发挥吸收损失的功能，在金融机构及股东、债权人之间形成合理的风险分担机制。

（三）在不良资产处置过程中引入“商业计划书”模式。企业优胜劣汰是正常的市场法则，但是对于一些有前景、暂时遇到流动性困难的企业，AMC可以向其提供支持，这种支持有一个重要的前提，即债务人向AMC提供一份商业上可行的偿还计划书。在计划书中列明企业现有财产情况，3—4年内的还款安排，增加个人担保，出售非抵押财产，撤销对外转移的财产，出售超过最低生活需要的住宅，租金收入用于还款，增加其他抵押物，余值二次抵押，出售艺术品、股权、知识产权等非物业财产，未来经营计划。AMC认为符合商业可持续的，对其续批增信支持、减免利息、债务展期、贷款重组、续建物业，支持企业走出困境。

（四）在处置不良资产以外，探索开展房产开发建造业务。当前我国居民住宅市场价格较高，像北京、上海、广州、深圳、杭州等重点城市比较有代表性，中央多次强调要坚守“房住不炒”的定位，可以尝试让大型AMC依靠不良资产收购过程中取得的抵押物，成立SPV或子公司，参与住宅、商业房产的开发建造，向社会提供普通商品住房、保障房、长租房等，推动保障性租赁住房市场发展，助力加快建立多主体供给、多渠道保障、租购并举的住房制度。

第十七章　2021年不良资产行业迎来哪些变局

作为“三大攻坚战”的主战场之一，不良资产行业在2021年开年就发生了一连串热点事件，“一委一行两会”预计将加速出台一系列政策“组合拳”，抓住战略机遇期，引导各类金融机构更好地服务实体经济，脱虚向实，扩大金融对外开放，加快构建“大循环”“双循环”的新发展格局。

一、我国不良资产行业面临的问题

（一）个人不良贷款无法批转与盘活存量金融资产之间的矛盾

1999年国务院批准成立华融、长城、东方、信达四大AMC，也许考虑到针对个人债务人的催收可能影响社会和谐稳定，在放开对公不良资产批转的同时，规定银行持有的个人不良资产不得对外批量转让，只能自行清收。这个规定一直沿用到现在。

回顾历史，当年创设四大AMC的最直接原因有两个。一是通过把不良资产从国有独资商业银行转移到资产公司，降低银行的不良率，避免其硬着陆；二是通过债转股，变国有大中型企业的债务为资产公司持有的股份，降低企业的金融杠杆，为国企实现三年脱困保驾护航。据2002年出版的《中国金融年鉴》，“截至2000年末，4家资产公司收购和承接不良资产共计13932亿元。国家经贸委拟定债转股企业580户，已完成569户，金额3951

亿元，其中513户企业债转股方案已得到国务院批准，债转股金额3247亿元”。同期我国的国民生产总值为88189亿元，相当于剥离了当年GDP16%的不良资产。

可以说，个人不良贷款并不是当时迫切需要解决的议题。那么20多年后，个人不良贷款这个蛋糕体量有多大？这里笔者仅仅做个人推测。按照央行统计，2016年我国个人贷款不良率为1.7%，2020年住户部门的贷款余额为63.19万亿元，假设按照1.7%的不良率推算，则2020年末我国个人不良贷款大约有1万亿元，占银行业总体不良贷款余额3.5万亿元的28%左右，也就是1/4多一点。通过粗算，可以看出个贷不良无疑已经形成为一块很大的金融资源，个贷开闸，特别是后续如果从试点的信用贷款、信用卡不良扩展到所有个人不良贷款（保证、抵押贷款），将显著扩大市场上银行向外转让资产包的供给量。

（二）不良资产成交量活跃与缺乏统一交易基础设施之间的矛盾

据银保监会数据，2020年全年我国银行业共处置不良资产3.02万亿元，行业迎来新一轮供给高峰。但是一直以来，银行向资产公司转让不良债权，采用的多为现场投标方式，在互联网特别是移动互联网时代后，部分银行开始选择在淘宝、天津产权交易所等网络平台交易。总的来说，不同银行甚至同一家银行的不同分支机构，在交易方式和交易规则上都存在具体不同，有的是一轮竞价，有的是二轮竞价，有的是一轮竞价后磋商谈判，形成“千人千面”的状况。

如何使不良资产批转进入规范化、程式化发展的良性轨道，建立一个统一的交易平台，使操作流程更加普适、简便，成为行业下一步可以破解的课题。同时，部分金融科技巨头经过这几年的用户习惯养成，逐渐抬升不良资产网上撮合交易的手续费，交易双方缺乏备用替代平台，渐成垄断之实。

（三）资产公司收购不良债权与中小型金融机构出险之间的矛盾

近期，部分银行先后爆发信用风险，“黑天鹅”事件屡有发生，一定程度上损害了我国金融体系的稳定性。比如，某银行因为资金被大股东“明天系”抽借，导致资不抵债；某银行两任董事长落马，公司内控治理失效，发现大量不良贷款；某银行2019年发生挤兑风波。这些问题提示我们，一些中小型金融机构在这几年依靠畸形做大同业市场、盲目跨区域经营等方式“野蛮生长”，偏离服务所在区域实体经济的主责主业，在管理能力跟不上业务发展的情形下，以扩张经营半径、做大资产规模为导向，有的城商行搭建起事实上的总行、省级分行、市级分行、县级支行、网点五层组织架构，积累起一定的风险动能。

此外，部分中小金融机构的现代企业制度并没有切实建立起来，股东大会、董事会、监事会间相互制衡的机制空转，董事长个人权力过大，信贷审批环节无人可以监督，企业股东通过层层嵌套、空壳公司、关联交易，抽取银行信贷资金，极大侵害了储户的存款安全。

正是由于某些中小型金融机构自身存在这样那样的缺陷，仅仅收购其不良资产已经不能解决它们真正存在的问题，事后收购可以进一步向事前注资、改造治理结构等上游环节延伸，从根本上减少因为个人干预、体制不规范产生的不良资产。

二、2021年出台的改革举措

（一）推进供给侧改革，开闸存量个人不良批转

2021年1月7日，银保监会办公厅下发《中国银保监会办公厅关于开展不良贷款转让试点工作的通知》（银保监办便函〔2021〕26号），批复同意试点开展单户对公不良贷款转让和个人不良贷款批量转让。万亿级市场开闸，我

国不良资产行业市场化改革迈出新的关键一步。

该《通知》第七条对资产公司收购银行个人不良贷款后，依然作出了严格的限制，不得二次对外转让。考虑到资产公司各省分支机构的业务人员数量都很精简，维持在30人左右，如何在不大幅增加现有人力资源、生产经营条件的前提下，开展个人不良贷款催收，是各家公司要面对的现实问题。1万亿元的个贷不良，假设单户贷款上限为50万元，则有200万户，各资产公司前台人员合计大约5760人，则人均需要负责管理的户数为347户，具有较大的难度。应该看到，个贷不良不同于对公不良，个贷单户金额小，债务人并没有根本丧失还款能力，只是不具备立即偿还所有欠款本金的能力。不妨换个思路，建议向资产公司放开接受分期还款的功能，引导资产公司合理设置分期期限（3—8年），只收取适度的分期费用，变一次性催收为"放水养鱼"，通过延长还款期的安排，避免债务人跌入失信乃至主动申请个人破产等不利于诚信体系建设的双输局面。

（二）健全基础设施，银行业信贷资产登记流转中心试点居间撮合交易

基础设施，一般指铁路、公路、机场、港口、水煤气等关乎国计民生、承担某种社会公共职能的实体，近年来也有把微信、支付宝看成基础设施的观点。2019年我国成立独立于中石化、中石油、中海油三大石油巨头的国家石油天然气管网集团有限公司（以下简称国家管网公司），作为第三方统一负责油气资源的配送、运输，国家管网公司成为油气行业的重要基础设施。类似地，在我国金融领域也有许多关键性基础设施，比如上交所、深交所、中债登、中证登、银行间市场、新三板、银联等。去年3月，央行、发改委等六部门联合印发《统筹监管金融基础设施工作方案》，其中明确提出了"金融基础设施"的概念，包括金融资产登记托管系统、清算结算系统、交易设施、交易报告库、重要支付系统、基础征信系统等六大类。

银行业信贷资产登记流转中心（以下简称银登中心），即属于其中一类金

融基础设施，其经营范围主要是信贷资产及银行业其他金融资产的登记、托管、流转、结算服务。银保监会于2021年1月选择在银登中心试点单户对公不良贷款转让和个人不良贷款批量转让，截至2021年1月27日，已经有中信银行信用卡中心、民生银行、平安银行、华融公司、长城公司、信达公司、东方公司、银河公司、国厚资产在银登中心完成申请开立账户。随着平安银行最近挂出首单拟批转个贷不良资产包（债权20户，本金合计618.66万元），银登中心撮合交易功能正式发布，如果试点成功，不排除未来其会打破行业现状，逐步替代目前通行的现场投标和淘宝竞价，从根本上改变不良资产转让方式。

（三）增加市场主体，批准设立中国银河资产管理有限责任公司

2021年1月9日，中国银河资产管理有限责任公司（以下简称银河公司）在北京举行开业仪式，这是20年来首次获得批复设立的第五家全国性资产公司。银河公司前身为2005年成立的建投中信资产管理有限责任公司，负责处置华夏证券名下资产。2018年3月，国务院同意建投中信资产管理有限责任公司转型为金融资产管理公司，2020年3月，银保监会同意其更名为中国银河资产管理有限责任公司。经过查询，银河公司的股东结构与四大AMC有明显的不同，华融公司、长城公司、东方公司、信达公司的控股股东为财政部，银河公司则为中央汇金公司，可以预期，通过引入更为市场化的参与主体，来搅动不良资产行业这一池春水，提高行业竞争力。

除此以外，作为落实中美第一阶段经贸协议成果的具体措施，2020年2月，资产管理巨擘橡树资本的全资子公司橡树（北京）投资管理有限公司成立，拿到了在北京市范围内开展不良资产批量收购管理的牌照。再加上各省陆续补齐“二孩”，即按照原银监会规定，每个省可以设立两家区域性资产公司，一个囊括了五大AMC、每个省两家省级AMC、银行系AIC（金融资产投资公司）、外资、民间投资人的各种所有制并存、大中小参与者共荣的多层次

市场格局已经成型。

（四）尝试标本兼治，从收购不良资产到救助风险机构

以某银行为例，2019年12月，中央汇金公司、山东省金融资产管理股份有限公司（以下简称山东AMC）等出资认购某银行股权1000亿股，12月19日山东AMC和某银行签订《资产转让合同》，某银行将1438.90亿元不良资产转让给山东AMC。通过上述操作，某银行在短时间内同时完成了降低不良率和增资的目标，逐渐走出泥沼，重新成为一家经营良好的银行。

类似地，某银行引入工银投资、信达投资、长城公司、成方汇达、辽宁金控等外部资本，获得新生。2021年，资产公司除了收购不良债权，还可以在补充银行注册资本、提供高管团队、完善银行公司治理等方面帮助中小型问题金融机构脱困，切实承担起金融救助“国家队”、金融体系“稳定器”的使命担当。

三、政策建议

22年的实践充分证明，成立金融资产管理公司是我国一项重大的金融改革举措，是经得起市场检验的成功决策。同时，未来还可以在以下几个方面进行进一步的探索。

（一）变被动收包为主动定制，一站式化解企业存量债务

当下，一个典型的不良资产收购场景为，银行挑选3户及以上不良债权组成资产包，向资产公司发出邀约函，各家资产公司参与报价，这是一种以金融机构为中心的业务模式。现实中，企业不是只和一家银行发生信贷关系，往往是在许多银行都办理贷款，当有一家银行首先把对其的逾期贷款向外转让，其他债权行为了控制风险敞口，也会选择在当年内跟进，陆陆续续把对这家企业的贷款向外转让。这样，同一家企业在不同银行的贷款，出现到不

同的资产包里，由不同的资产公司接手，企业需要和不同公司打交道，增加了解决债务的时间和成本。

因此，资产公司可以另辟蹊径，构建起以债务企业为中心的业务模式。在收购企业一户不良债权的基础上，定向收购企业在其他银行的不良贷款，成为企业唯一债权人，通过罚息减让、债权展期、分期还款等方式，帮助企业走出困境。

（二）阻断“多米诺骨牌效应”，破解担保链捆绑难题

这一轮出清中，部分产能过剩行业、盲目扩张的企业被市场淘汰，大体上按照资产规模从小到大的顺序先后倒下，而小中大每个规模量级的企业间由于担保链传导，触发“多米诺骨牌效应”，一些自身经营情况良好的企业，因为代偿他人债务，流动资金逐渐抽干，被市场错杀。保证贷款，特别是互保贷款，在经济上行周期时，大大简化了企业补充流动资金的手续，但是在经济增速放缓的时候，也会成倍放大风险，形成区域内企业间“一荣俱荣、一损俱损”的共振。资产公司可以从斩断企业担保链出发，有针对性地收购其不良担保债权，然后通过债务重组、诉讼和解等方式，帮助企业“软着陆”。

（三）延伸处置流程，综合运用投行手段推动实质性重组

不同于国内，国际上“不良资产”更多地被表述为“困境资产”“另类资产”“特殊资产”“机遇资产”，对另类资产的投资回报率远高于银行理财、债券、股市。银保监会2019年52号文中明确提出，资产公司要做强不良资产处置主业，合理拓展与企业结构调整相关的兼并重组、破产重整、夹层投资、过桥融资、阶段性持股等投资银行业务。

华融、长城、东方、信达四大资产公司旗下拥有银行、证券、保险、信托、基金、租赁等金融全牌照，具备了在集团内综合运用股债联动、定向增发、物权收购等协同救助企业的客观条件，在收购、处置中间，更多地发挥

AMC“修复”功能，提升资产价值，是资产公司未来利润的主要增长点，也符合监管部门的期待。长城公司实施的“中国铁物”一揽子债务重组，就是一起成功的案例。

新的征程下，资产公司将继续贯彻落实党中央、国务院“金融支持实体经济”决策和监管部门各项部署，深化改革不动摇，坚持市场化、法治化方式，以匠人心态坚守主业，胸怀“国之大者”，为化解金融风险、维护金融稳定作出新的贡献。

第十八章　金融资产管理公司的下一个十年

2017年以来，对于在新发展阶段下要建设一家什么样的AMC，怎样建设一家AMC，AMC下一步发展的方向在哪里，AMC自身的功能定位是什么，如何更好配适国民经济发展，发挥好AMC化解金融风险、服务实体经济的作用，是金融业、企业、社会上比较关注的问题，笔者将对此提出一些看法。我国以华融、长城、东方、信达为代表的大型AMC，先后经历政策性时期（1999—2006年）、商业化时期（2007—2016年）和股改后的规范发展新时期（2017年至今），在国际上没有可供借鉴的成熟模式的背景下，经过22年探索奋进，逐步发展成以不良资产为业务资源，统一提供不良资产收处、银行、保险、证券、信托、基金等跨市场服务的综合金融服务商。

一、AMC中长期发展的方向

我国AMC诞生于20世纪90年代末的亚洲金融危机时期，党中央、国务院决定在银行体系之外成立四家专门的坏账公司，对口剥离国家开发银行、工商银行、农业银行、中国银行、建设银行的不良贷款。一方面大幅降低银行部门的不良率，修复其资产负债表，为建立现代银行提供物质基础；另一方面通过不良资产转移、政策性债转股大幅降低国企部门的杠杆率，为国企三年脱困、向现代企业制度转轨赢得时间。AMC生于不良资产，必然兴于不良资产。离开了不良资产，AMC将失去相较于其他金融机构的制度特点和比较优势。所以毋庸置疑，AMC必须继续以不良资产为主责主业，各项业务要紧紧围绕不良资产这个资源展开，转型成保险公司、第三方资管公司、银行或者小额贷款公司的路子都是走不通的。

反过来，AMC只有不良资产主业，离开了银行、保险、证券、信托、基金、房产开发等多种工具的支持，不良资产主业也无法很好地开展，这是由不良资产这个行业的特殊性所决定的。不同于银行，对不良贷款采取清收、核销、转让三种模式的处理，银行2个点、3个点的不良率决定了不良贷款处置对于银行而言，不是重要的核心业务，其把有限的资本、流动性、人力资源投放于吸收存款、发放贷款、拓展中间业务上，能产生更高的回报率。对于AMC，不良资产则是最大的业务资源，势必要求AMC具备多种业务工具，对不良资产进行多维度、深层次、长链条的开发与管理，贷款重组、贷款展期、资产置换、以资抵债、增加信贷、追加抵押、债转股、抵押物续建，每一项精细业务的开展，都需要多种金融手段的综合运用才能完成，AMC发展多种金融业务是不良资产主业维系经营的必然要求。

我们因此可以得出结论，AMC要在商业上可持续经营，不良资产是资源，多种处置工具是手段，这才是AMC区别于其他金融机构的特色。大型AMC要按照“大不良”口径，在清退与主业无关的孙子公司基础上，重新建构业务架构，下设不良资产、金融支持、股权管理、困境房产续开发、受托处置与风险机构救助五大业务平台，在“一带一路”节点国家研究设立境外办事处，综合开展不良资产收购处置、民企纾困、国企优化、困境房产开发续建、资产受托处置、风险机构化险、境外中资机构不良资产收购处置七大核心业务。

二、AMC中长期发展的具体思路

（一）加强党的建设，以高质量党建提升AMC公司治理效能

党对金融工作的集中统一领导，是中国特色金融机构的政治保证和根本

遵循。建党100年、建国72年、改革开放43年、AMC成立22年的实践一再证明了，只要坚持和加强党的领导，各项工作开展就不会偏离航向；只有坚持和加强党的领导，各项工作开展才能取得成功。作为中央金融企业，四家AMC要学会用政治思维思考经济问题，坚决贯彻落实党中央、国务院的决策部署，坚决服从国家各项战略安排，坚决执行金融支持实体经济，以金融要素流动畅通国民经济发展的大循环，在实现企业经济效益的同时实现良好的社会效益。AMC诞生于化解不良资产的需要，这决定了AMC天然带有不同于其他金融机构的鲜明属性。政策性银行是政策性属性，商业银行是商业化属性，AMC身上则兼有政策性和商业性的二元属性，化解金融风险、救助实体企业既是AMC的经营范围，也是服务“三大攻坚战”，保护市场主体，实现国民经济新陈代谢的应有之义。

加强党的建设，就是要充分发挥党建引领作用。一是要充分发挥公司党委把方向、管大局、保落实的领导中心作用。AMC作为后计划经济时代向市场经济时代转轨过程中出现的新生事物，公司治理机制的改革、完善不可能一蹴而就，改革的主体责任能且只能落在党委。党委要总揽全局、协调各方，通过制度性安排，实现党委对公司重大经营决策事项前置研究，在此基础上发挥董事会负责经营战略、监事会负责监督、高管层负责执行的“两会一层”作用。二是要完善“双向进入、交叉任职”的企业领导体制，实现党委成员通过法定程序分别进入董事会、监事会和经营班子，董事会、监事会、经营班子中的党员可以依照有关规定进入党委会，确保党委始终把握公司经营发展的方向。三是要发挥公司基层党组织和党员干部的先锋模范作用，通过吸收先进员工进入党组织，确保党委部署一插到底，落实到位。四是要发挥公司纪委监督执纪职能，通过履行专责监督全面落实党风廉政建设、全面从严治党的“两个责任”，通过建立纪检与内控、审计、财务、合规相贯穿的全链条自我监督机制，探索区别于西方资本主义金融机构的中国特色监督制度。

（二）灵活发债方式，前瞻预计资本需求，增强抵御风险能力

AMC不是银行，不能向储户吸收存款，收购不良资产的资金以银行借款为主。选取两家大型AMC为例，据信达公司2020年年报，截至2020年底，信达公司总负债1.32万亿元，其中借款5569亿元，应付债券3557亿元，借款占总负债的42%，借款中银行借款4418亿元；应付债券中金融债1118亿元，资产支持证券1029亿元，公司债225亿元，二级资本债182亿元，次级债26亿元。据华融公司2020年年中报告，截至2020年6月底，华融公司总负债1.56万亿元，其中借款7660亿元，应付债券及票据3388亿元，借款占总负债的49%。与AMC类似，国家开发银行与进出口银行也无法吸收个人存款，不同的是，政策性银行以发行债券为主要融资方式。据国开行2020年年报，截至2020年底，国开行总负债15.62万亿元，其中已发行债券10.72万亿元，发债占其总负债的68%；据口行2020年年报，截至2020年底，口行总负债4.72万亿元，其中应付债券为3.69万亿元，发债占其总负债的78%。

AMC维持运营、购买不良资产的资金主要来源于银行授信，这与政策性银行主要通过发行政策性金融债补充资本的方式不同。银行授信源自储户的存款，发债募集的则是投资人的钱，两者性质上有所区别。AMC可以借鉴爱尔兰坏账公司NAMA的经验，更多地通过直接融资市场补充资本，除了发行常规金融债，可以积极发行永续债、二级资本债等次级债以补充其他一级资本和二级资本，增强AMC抵御风险的能力，在风险来临时有效抵补损失。建议央行CBS互换范围在现有大型银行、股份制银行、大型城商行基础上，考虑纳入以大型AMC为主体发行的永续债，增强市场接受度和流动性。此外，鉴于次级债中明确有减记条款、强制转股条款等内容，有利于严肃市场纪律，真正发挥利率这一价格在资源配置中的信号作用，减记、转股一旦触发，能够充分发挥吸收损失的功能，在金融机构及股东、债权人之间形成合理的风险分担机制。

（三）调整组织架构，按照“大不良”口径设置业务平台，迎接行业“第四次飞跃”

不同于政策性时期的第一轮不良资产上升期，经过22年的实践，AMC对于“不良”这个概念本身的认识已经发生了三次重大飞跃。第一次飞跃中不良资产从无到有，第二次飞跃中从“银行不良贷款”扩展到“抵债资产”和“股权资产”，第三次飞跃中从“金融机构不良资产”扩展到“非金融机构不良资产”。现在可以预期，随着我国金融业不断发展和金融创新不断深化，从“不良资产”扩展到“困境企业”“风险机构”的“大不良”这个第四次飞跃已经到来。如果还囿于“不良资产”这个“小不良”概念，势必无法跟上金融市场发展的主流，业务难以可持续增长。

经过这几年的高周转处置，大型银行和股份制银行的不良资产资源边际增速在回落。不仅大部分银行已经按照监管要求把逾期90天以上的贷款统一纳入不良类计算，有的资产质量较好的大型银行已经主动把逾期60天以上的贷款也纳入不良考核，银行资产分类的偏离度大大降低，在做实分类基础上计提足额拨备，大型银行资本、利润、拨备这三个应对坏账损失的指标都非常稳健。下一阶段不良资产供给城商行、农商行、信用社、村镇银行、信托等非银金融机构将更为频繁，传统大型银行和股份制银行的供给将聚焦于大额单户债权和大中型民营企业债权。

按照“大不良”概念，AMC要重组现在的组织架构。一方面瘦身提质，加快清退与主业无关的孙子公司；另一方面加快做优做强“大不良”业务，实现有增有减，减少与主业无关的投入，增加“大不良”投入，布局“不良资产”“困境企业”“风险机构”三大领域。

（四）强化并表管理，从集团层面监控经营指标，夯实资产质量

2008年国际金融大危机后，巴塞尔委员会（BCBS）和二十国集团（G20）

深刻吸取金融机构“大而不能倒”的经验教训，出台了巴塞尔协议Ⅲ，强调核心一级资本对损失的吸收能力，提高资本充足率要求，引入储备资本、附加资本和逆周期资本，引入杠杆率要求，建立宏观审慎监管框架；新设立金融稳定理事会（FSB），推出全球系统重要性银行名单（G-SIBs），要求大型银行保险机构制定“生前遗嘱”（即恢复和处置计划），以防范在市场流动性冻结时，金融机构发生风险。

AMC作为综合金融服务商，要把各分（子）公司的资产负债表按照持股比例纳入进来。强化并表管理，从集团层面统一监控，做实数据质量，做好资产分类，足额计提拨备，为当局有效监管提供可靠的数据支撑。同时，对于单一集团客户集中度考核，也要从AMC集团统一计算，避免信用风险过度集中。正常情况下，分（子）公司共同对一家企业提供金融服务，可以从不同角度收集企业信息，最大程度上减少信息失真，比如企业贷款逾期，企业大股东股权高比例质押，企业代发工资出现拖欠等，都能及时反映出企业存在的风险，从这个角度看，风险敞口是降低了。但是，如果分（子）公司对企业的投后管理不够仔细，没有及时发现风险信号，既收了不良资产，又提供信贷融资，实际上对企业的授信额度是加大了，这样导致金融资源过于集中，风险敞口扩大。

三、AMC各业务平台的改革发展

（一）不良资产收购处置平台

一是在收购端要变被动收包为主动定制，探索一站式化解企业债务新方式。当下，一个典型的不良资产收购场景为，银行挑选三户及以上不良债权组成资产包，向AMC发出邀约函，各家AMC参与报价，这是一种以金融机构为中心的业务模式。现实中，企业不是只和一家银行发生信贷关系，往往是在许多银行都办理贷款，当有一家银行首先把对其的逾期贷款向外转让，其他债权行为了控制风险敞口，会选择在当年内跟进，把对这家企业的贷款也向外转让，这样，同一家企业在不同银行的贷款，出现到不同的资产包里，由不同的AMC接手，企业需要和不同AMC打交道，增加了解决债务的时间和成本。因此，AMC可以另辟蹊径，构建起以债务企业为中心的业务模式。在收购企业一户不良债权的基础上，定向收购企业在其他银行的不良贷款，成为企业唯一债权人，通过罚息减让、债权展期、分期还款等方式，帮助企业走出困境。

二是在处置端要引入“商业计划书”模式。爱尔兰NAMA对于债务人，要求其先出具一份商业计划书，以列明债务人现在的财产情况和未来的偿债计划，偿债计划需要具备商业可行性，并在3—4年内偿付大部分债务。这种做法和笔者在《不良资产处置中的三方博弈》一文中的结论相同，即“立即起诉/充分竞价”“无法起诉/指定主体受让，不竞价”分别是AMC和债务企业的最优策略，但都会给其他主体造成重要的损失。从全社会的效益角度看，“调解不成起诉/不完全充分竞价”是最优策略，在这种情况下，AMC先和企业（重要的还可以纳入政府）谈判，双方寻求各自满意的处置思路，如果调解成功，AMC获得收益，债务企业得以继续生存，市场主体得到维护；如果调解不成功，AMC按照正常流程起诉/转让，这种策略下实现了效益最大化的多赢。

NAMA要求企业提供的商业计划书中包括以下几方面的内容。一是债务偿还目标；二是追加实控人个人担保；三是变卖债务人名下非抵押财产；四是撤销债务人在此期间对外转移的财产；五是完善担保条款瑕疵；六是出售实控人名下超过最低生活需要的住宅，把大房子换成小房子；七是把债务人名下房产的租金收入用于还款；八是增加其他抵押物；九是做余值二次抵押；十是出售债务人名下非物业财产，包括艺术品、股权等；十一是申请NAMA继续提供信贷资金，完成在建房产项目，出售变现。NAMA审核债务人的商业计划书后，作出三种选择。截至目前，NAMA对其中的58%采取“支持”举措，18%采取“处置”举措，24%采取“强制执行”举措。“支持”着眼于长期合作，“处置”“强制执行”着眼于短期回款。

企业优胜劣汰是正常的市场法则。但是对于一些有前景、暂时遇到流动性困难的企业，AMC可以向其提供支持，这种支持有一个重要的前提，即债务人向AMC提供一份商业上可行的偿还计划书。在计划书中列明企业现有财产情况，3—4年内的还款安排，增加个人担保，出售非抵押财产，撤销对外转移的财产，出售超过最低生活需要的住宅，租金收入用于还款，增加其他抵押物，余值二次抵押，出售艺术品、股权、知识产权等非物业财产，未来经营计划。AMC认为符合商业可持续的，对其续批增信支持、减免利息、债务展期、贷款重组、续建物业，支持企业走出困境。

三是研究AMC化解中资金融机构境外不良资产的实现路径。据《2014年中国银行业社会责任报告》，截至2014年末，20家中资银行业金融机构共在海外53个国家开设了1200多家海外分支机构，总资产达到1.5万亿美元；中银香港副董事长兼总裁孙煜指出，截至2018年末，五家大型银行的境外资产总额超过12万亿元人民币，其中贷款余额超过5万亿元人民币。在中资金融机构为海外客户提供各类便利的金融服务时，不同的国别风险、市场风险、企业风险生成了数额不等的境外不良资产。假设参照2020年末国内银行业不良率1.92%计算，5万亿元境外贷款中有不良资产近千亿元，考虑到中国不良率属于较低水平，境外不良资产余额可能还会更高一点，随着“一带一路”倡议的持续推进，中资金融机构的海外贷款投放还会增加得更多，建议研究AMC在“一带一路”节点国家开设1—2处办事处，探索中资金融机构境外不良资产的化解方式，形成可复制的实现路径。

（二）综合金融支持平台

要充分发挥综合金融工具箱的作用，在民企纾困和国企优化上作出成效。民营经济是吸纳就业的主力军，搞活市场的“星星之火”。截至2017年底，全国私营企业达2726.28万户。自“三去一补”实施以来，一部分前期过度负债（贷款、发债、股权质押）、多元化投资导致开支远远大于现金流回收的企业，陷入流动性困境，这些企业把短期零售资金用于长期支出，导致期限错配，其中不乏一部分企业存在“借钱是不用还的”错误思维，认为快速把资产负债表做大到行业头部位置后，就和政府有了博弈的资本，即使出现资金断裂，政府考虑到社会影响、维护稳定的需要，也不会坐视不理，会实施救助的。

企业从正常还款一步步到无力偿还，一般会经历以下三个阶段。第一阶段是正常还款，此时债务人的年经营性现金流净值大于贷款本金，能够在贷款到期时正常兑付；第二阶段是勉强还款，此时债务人的年经营性现金流净值小于贷款本金，但是大于贷款利息，能够保证每月按时兑付利息，贷款到期需要依靠“借新还旧”或者“过桥资金”；第三阶段是无力偿还，此时债务人的年经营性现金流净值既小于贷款本金，又小于贷款利息，当第一次出现无法兑付利息时，银行宣布贷款提前到期，实质性违约。正常的借贷关系应该是第一阶段，到了第二阶段已经暴露风险敞口，企业应该高度警惕，收缩投资，回笼现金流，不应该进一步劣变到第三阶段。很显然，纵观这次出现风险的企业，不仅掉入第二阶段，而且已经位于第三阶段。

对于掉入第三阶段的企业，AMC要因企施策。产品有市场竞争力、符合环保标准、有一定技术含量的企业，通过综合运用银行、保险、证券、信托、基金等金融全牌照，为其提供增加信贷、短期贷款向中长期贷款置换、追加合格抵押品、资产置换、增加直接融资、引入股权投资等服务，降低企业杠杆率，恢复流动性，逐步回到第二阶段以及第一阶段中。在经过充分行业研究的基础上，对同一行业的几家企业适时开展行业重组整合，培育1—2家头部企业、隐形冠军或者独角兽，运用证券牌照，保荐上市。对于国有企业，特别是老国企，它们在计划经济时代因“政企不分”的影响，导致企业承担了许多社会职能。这种情况在某些市县仍然存在，随着国企新一轮改革政策出台，将逐步退出竞争性行业，一批二级三级子公司、孙公司将被剥离处置，AMC可以在这个过程中积极介入，发挥“资源优化器”的功能。

金融支持平台下属的银行等各类金融子公司自身，应该积极做优做强。通过充实资本、市场化招聘行业高管等方式，积极发展各子公司。子公司的展业需要依附于母公司，经过实践来看，这种观点是有点问题的。第一，如果只强调依赖母公司提供客户，那子公司久而久之会失去自身的业务拓展能力。第二，只依赖母公司共享客户，从某种程度上来说，是从总利润中划出一块给子公司，这样对公司而言整体效益并没有增加，只是在不同局部的分配。第三，子公司过于依赖母公司，越来越成为系统内的一部分，远离了市场，在市场上没有话语权，不仅不能独立开发业务，甚至不能满足内部协同的需求，为了业务发展，有时只能放弃内部机构，和系统外同类型的头部公司合作。第四，如果过度依赖母公司供给，没有竞争，子公司的工作积极性可能降低。子公司应该是市场中和同类型金融机构同台竞技的独立主体，在市场中独立拓客，培育自己的客户群，扩大影响力，力争成为所在行业或细分行业的头部金融机构。唯有如此，才不至于在公司系统中退化业务技能，同时在不良资产主业需要时，可以从各自金融产品上发挥重要作用。总之，成为公司的创利机构。

（三）股权投资管理平台

要集合管理集团所有非控股股权项目。可以参考银行系成立AMC自己的债转股平台——金融资产投资子公司（AIC），统一管理集团的债转股项目和其他股权投资项目。按照《商业银行资本管理办法（试行）》，商业银行持有的工商企业股权，两年内风险权重为400%，两年后为1250%；2018年银保监会下发《关于市场化债转股股权风险权重的通知》，明确商业银行因市场化债转股持有的上市公司股权的风险权重为250%，持有非上市公司股权的风险权重为400%。上述《通知》对于降低金融机构因被动持股所占用的资本有一定利好，但仍然远高于对企业债权的风险权重100%。对于持有的股权项目，要按照债转股和其他股权投资分开管理，做好短期、中期、长期处置规划。

（四）困境房产续开发平台

要通过续建抵押物，向社会提供物业产品。在现金回收为主的方式以外，爱尔兰NAMA还直接介入房产开发、建造、销售、出租、减租业务。其先后开发了住宅、商业综合体、学校和长租房，以实现多样化处置。以长租房为例，NAMA成立了名为国家资产住宅物业服务公司（NARPS）的SPV，由NARPS直接购入抵押物的所有权，然后以20年租期出租给政府核准的住房部门（AHB）或者直接出租给市民。据NAMA的2020年工作报告，截至2020年底，其已经交付了19000套房屋。作为自主房产开发项目，NAMA仅在首都都柏林港区就拥有246亩产权，项目完工后，将建成面积37.8万平方米的商业综合体和2000套住宅，丰富首都市民的生活需要。

当前我国住宅房产价格较高，像北京、上海、广州、深圳、杭州等重点城市比较有代表性。中央多次强调要坚守“房住不炒”的定位，困境房产开发平台依靠不良资产收购过程中取得的抵押物，或者通过法拍市场，参与住宅、商业房产的开发建造，向社会提供普通商品住房、保障房、长租房等，推动保障性租赁住房市场发展，助力加快建立多主体供给、多渠道保障、租购并举的住房制度。

（五）受托处置与风险机构救助平台

要积极关注监管部门通报，主动参与处置化解。这个平台包含两大业务，即不良资产受托管理和处置、风险机构化险。全球知名的希尔顿、万豪、洲际酒店，除了自营外，还有大部分的酒店为品牌输出方式，其不直接持有商业不动产，仅仅负责对合作酒店人员进行标准化培训，收取品牌使用费。类似地，不良资产受托管理与处置业务不同于传统意义上的买断处置，即AMC在不收购不良资产包的前提下，接受第三方金融机构的委托，代为进行不良债权的追索和受偿，通过和委托机构签订服务协议的方式，收取一定比例的服务费，不对回现金额承诺兜底。

风险机构化险，有两种具体操作路径，即重组和托管。对于近年机构出险，我们简单回顾一下。2018年2月，安邦集团爆发严重信用风险，被原保监会实施接管，通过引入保险保障基金，重组为大家保险公司；2019年5月，“明天系”的包商银行因资不抵债，被人民银行、原银监会实施接管，接管期间由建设银行托管业务，通过引入存款保险基金、徽商银行、建设银行AIC子公司等股东，重新发起设立蒙商银行；同月，锦州银行因同业负债被挤兑，触发流动性冻结，涉及的金融机构交易对手方达300家之多，单体金融机构风险有朝向系统性风险蔓延的趋势，人民银行会同原银监会制定了风险处置和改革重组方案，通过引入工商银行AIC子公司、信达投资、长城公司、汇达公司等股东，并剥离不良资产1500亿元，逐步恢复正常经营。此外，2020年7月，银保监会依法对新时代证券、国盛证券、国盛期货实施接管，分别由中信建投证券、中航证券及招商证券、国泰君安期货实施托管；同日，银保监会对天安财险、华夏人寿、天安人寿、易安财险、新时代信托、新华信托6家机构实施接管。

据银保监会统计，截至2019年底，全国各类银行业金融机构法人达4607家。随着金融市场化不断深入、复杂的金融产品推陈出新，机构本身出险的可能性也在增高，当这些机构或由于突发挤兑，或由于资不抵债，或由于不良率高等不同因素触发信用风险，势必要求有制度化的安排能在第一时间应对，防止单体机构风险演变为全局性系统性风险。除了具备“自救”功能的“生前遗嘱”，对风险机构的“他救”也相当重要。救助主要是在资本和流动性支持两方面的增强，以期从长远改善其资本充足率、流动性、拨备覆盖率、盈利能力和资产负债结构。作为专责化解金融风险和兼营各类金融机构的大型AMC，需要监管部门引领，在风险机构救助上发挥更大作用。

具体操作路径，以救助中小型商业银行为例。第一种“重组”模式，第一是AMC联合审计机构、律师事务所、咨询机构进场尽调，了解风险发生的原因、程度、资金缺口大小；第二是尽调完成后提供首批流动性支持，先平复市场信心，化解挤兑危机；第三是改组董事会、监事会、高管层，引入AMC外脑支援；第四是剥离不良资产，计提损失，做实资产分类；第五是通过注资扩大资本，改善资本结构，杜绝因股权过度分散导致的“内部人控制”，或因违规隐匿代持导致的“大股东控制”，实现从“大股东”向“好股东”转变，从“幕后股东”向“台前股东”转变，从“代持股东”向“真实股东”转变，取得市场及同业信任，逐步恢复吸储及融资能力，彻底走出困境。第二种“托管”模式，主要是AMC接受监管当局的委托，改组风险机构的董事会、监事会和高管层，引入AMC外脑支援，调整业务经营方向。

2014年，原银监会、财政部、人民银行、证监会、原保监会五部委联合印发《金融资产管理公司监管办法》，对在商业化转型之后的金融资产管理公司应如何监管，与时俱进提出了新要求和规定，堪称是目前为止监管金融资产管理公司的最全面的一部法规，在本书最后把它分享给大家。

中国银监会、财政部、中国人民银行、中国证监会、中国保监会关于印发《金融资产管理公司监管办法》的通知

（银监发〔2014〕41号）

各银监局；财政部驻各省、自治区、直辖市、计划单列市财政监察专员办事处；中国人民银行上海总部，各分行、营业管理部，各省会（首府）城市中心支行、副省级城市中心支行；各证监局；各保监局；各金融资产管理公司：

为加强对商业化转型后的金融资产管理公司的监管，规范其经营行为，根据国家有关法律法规，银监会、财政部、人民银行、证监会、保监会联合制定了《金融资产管理公司监管办法》。现予印发，请遵照执行。

2014年8月14日

金融资产管理公司监管办法

第一章　总则

第一条　为适应金融资产管理公司集团化、多元化发展的监管需要，规范其经营行为，根据《中华人民共和国银行业监督管理法》、《金融资产管理公司条例》等法律、法规，制定本办法。

第二条 本办法适用于金融资产管理公司（以下简称“资产公司”）及其附属法人机构等组成的集团的监管。

本办法所称集团是指资产公司、附属法人机构以及特殊目的实体等其他附属经济组织组成的集团。

本办法所称集团母公司是指资产公司总部及分支机构。

本办法所称附属法人机构（不包括政策性债转股企业）是指由资产公司控制的境内外子公司以及其他被投资机构。“控制”概念按照财政部《企业会计准则第33号——合并财务报表》有关标准界定。

当被投资机构不为资产公司所控制，但符合下列情况的应当纳入集团范围监管：被投资机构总体风险足以对集团的财务状况及风险水平造成重大影响；被投资机构合规风险、声誉风险足以对集团声誉造成重大影响。

本办法所称集团层面监管是指对集团母公司的审慎监管以及通过集团母公司对集团内未受监管实体的间接监管。集团未受监管实体是指不直接受到金融分业监管机构审慎监管的附属法人机构以及特殊目的实体等其他附属经济组织。

本办法所称集团范围监管是指通过金融分业监管机构（及其他行业监管机构）之间的协调合作，对集团实施的全面审慎监管。

第三条 根据国家有关法律和国务院的授权，中国银行业监督管理委员会（以下简称银监会）依法监督管理集团母公司和实施集团并表监管，并负责集团层面监管。集团附属法人机构根据法律规定接受相关监管机构或部门的监管。

银监会与财政部、中国人民银行、中国证券监督管理委员会（以下简称证监会）、中国保险监督管理委员会（以下简称保监会）等监管机构和主管部门加强监管合作和信息共享，协调实现集团范围的全面、有效监管。

第四条 银监会建立风险为本的审慎监管框架，并定期评估、及时更新，以确保对资产公司集团监管的有效性。

集团审慎监管侧重于同集团经营相关联的特有风险，包括但不限于：多重杠杆、风险传染、风险集中、利益冲突、内部交易及风险敞口等。

集团审慎监管框架的基本要素包括但不限于：公司治理、风险管控、内部交易、资本充足性、财务稳健性、信息资源管理和信息披露等。

第二章 公司治理

第一节 公司治理框架

第五条 集团应建立全面的公司治理框架。集团母公司及各附属法人机构应当遵循独立运作、有效制衡、相互合作、协调运转的原则，建立合理的治理制衡机制和治理运行机制，确保集团有效履行审慎、合规的义务，治理框架应关注的内容包括但不限于：

（一）集团架构的一致性；

（二）集团组织和管理结构的适当性；

（三）集团重要股东的财务稳健性；

（四）集团母公司董事、高级管理人员和集团风险管理、内部控制等重要部门的主要负责人在集团管理中的适当性；

（五）对集团内部利益冲突的管理；

（六）集团内部控制、风险管理体系、内部审计及合规职能。

第六条 集团母公司应当参照《商业银行公司治理指引》等有关规定，建立健全公司治理机制，满足集团运营的组织、业务和风险管理需要。

集团母公司应规范指导附属法人机构建立和完善与其业务性质、规模相匹配的公司治理机制，并在符合《公司法》等相关法律、法规以及附属法人机构公司章程的前提下，确保附属法人机构的公司治理机制服从集团整体的治理要求。

第七条 集团母公司董事会应对集团管理承担最终责任。董事会下设专业委员会，向董事会提供专业意见或根据董事会授权就专业事项进行决策，包括但不限于：

（一）战略委员会负责制定集团整体发展战略，制定集团战略应当听取主要附属法人机构董事会或类似机构的意见；

（二）审计委员会负责检查集团内部控制及合规情况，评估集团合并财务报告信息的真实性、准确性、完整性和及时性；

（三）风险管理委员会负责督促和指导高级管理层建立集团整体的风险偏好以及有效、适当的内部控制体系和风险隔离机制，风险隔离的具体内容参照《商业银行并表管理及监管指引》执行；

（四）关联交易委员会负责集团关联交易的管理、审查和批准，识别和控制内部关联性引起的合规和风险问题；

（五）薪酬委员会应负责审议集团激励约束制度和政策。

第八条 集团母公司监事会应当履行对集团管理的监督职责，包括但不限于：

（一）监督集团整体发展战略的制定及实施；

（二）监督集团合并财务报告的制定，以及财务报告信息的真实性、准确性、完整性和及时性；

（三）监督集团整体风险、内部控制体系和风险隔离机制；

（四）监督集团关联交易和内部交易的管理、审查、批准及合规情况；

（五）监督集团激励约束机制的建立和实施情况。

第九条 集团母公司高级管理层执行董事会对集团管理的决策，包括但不限于：执行董事会关于集团管理的战略方针和重大决策；制定集团管理制度，对集团的人力资源、财务会计、信息系统、品牌文化等实施有效管理，确保集团管理各项决策的有效实施；确保集团的监管、合规以及审计问题得到及时解决，并落实监事会对集团监督的意见和建议。

第十条 集团公司治理框架应当能够恰当地平衡集团母公司与附属法

人机构，以及各附属法人机构之间的利益冲突。集团母公司负责制定能识别和管理集团内部利益冲突的政策和程序。利益冲突来源包括但不限于集团内部交易及定价，母公司和附属法人机构之间的资产转移、利润转移、风险转移等。

第二节 集团组织架构

第十一条 集团应当根据相关法律规定，设定其职能、业务条线和区域组织结构，确保整体的组织架构有助于集团稳健经营，且不影响监管机构对其实施有效监管。

第十二条 集团应当建立健全与业务策略和风险状况相符合的管理架构，明确集团管理的职责、政策、程序和制度，建立清晰的报告路线和完善的信息管理系统，确保集团母公司及附属法人机构的内部控制、风险管理等关键职能的适当性。

第十三条 集团母公司应当在遵守《公司法》等相关法律、法规的前提下，按照“合规、精简、高效”的原则，控制集团层级及附属法人机构数量，集团层级控制在三级以内，金融监管机构另有规定的除外。附属法人机构的设立需征得股东同意或者根据集团母公司章程及授权制度等规定履行相关程序。

第十四条 银监会评估和监测集团组织管理架构的适当性，尤其是集团母公司审批和控制架构的调整，以及新设附属法人机构的适当性。

银监会对集团的股权结构进行评估，包括但不限于：

（一）股权结构的必要性、合理性和透明度；

（二）入股行为以及入股资金的来源是否依法合规；

（三）控股法人股东的公司治理安排及其影响；

（四）股东对集团的潜在不利影响。

第三节 集团管控

第十五条 集团母公司应当在遵守《公司法》等相关法律、法规，尊重附属法人机构独立地位的前提下，根据集团整体战略和安全稳健运营的需要，并考虑附属法人机构不同的股权结构和治理结构，通过适当的管控模式，规范行使集团母公司的管理职能。

第十六条 集团母公司应当加强对附属法人机构的管理，督促附属法人机构遵守行业监管的相关规定，实现集团经营的协同性。集团母公司主要在战略、财务、经营决策、人事等方面，按照相关法律、法规以及附属法人机构的公司章程或协议规定的程序，对附属法人机构实施控制权，包括但不限于：

（一）加强集团战略管理，指导、检查、监督各附属法人机构贯彻落实集团战略规划；

（二）制定集团整体经营策略，加强附属法人机构之间的业务协同和资源共享；

（三）指导各附属法人机构建立健全财务、业务及会计管理制度，制定经营计划，通过适当的预算管理、绩效考核和激励约束机制，确保各附属法人机构完成计划目标；

（四）优化内部资源配置，根据各附属法人机构的实际运营绩效以及对集团战略目标实现的贡献程度，整合配置资金、资本和人才等核心资源，推动集团的集约化、协同化发展；

（五）构建和实施集团全面的风险管理框架和有效的内部控制体系，指导各附属法人机构制定适当的风险管理程序和执行准则；

（六）通过附属法人机构董事会，加强对附属法人机构的管理；

（七）提高集团支持服务能力，推进产品研发、客户服务、会计核算、人力资源、信息技术、行政后勤等集团统一平台和共享服务中心建设，提升集团协同水平。

第十七条　集团母公司应当在符合《公司法》等相关法律、法规以及附属法人机构公司章程的前提下，通过影响附属法人机构股东大会（股东会）、董事会决策，确保附属法人机构能落实集团管理的制度、政策和要求。

第十八条　集团母公司应当建立责任机制或制衡机制，包括但不限于：

（一）在保证自身安全稳健的前提下，可对附属法人机构提供适当的资金支持；

（二）附属法人机构资本充足率达不到监管要求时，母公司应当督促其补足资本金；

（三）确保母公司的管理控制不会存在损害附属法人机构及其相关利益人权益的行为。

第四节　任职管理

第十九条　集团母公司董事和高级管理人员除达到《银行业金融机构董事（理事）和高级管理人员任职资格管理办法》等相关规定的条件以外，还应当具备与集团组织、管理、业务结构的复杂性相匹配的任职条件，包括但不限于：

（一）拥有足够的知识和经验以便恰当、公平和有效地对集团所有机构实施管理和监督，以及拥有足够的公信力；

（二）完全理解与集团综合经营相关的组织结构、业务管理的复杂性，具有相关的管理能力；

（三）全面掌握集团的业务情况和财务状况，理解与把握集团的风险承受能力、风险偏好以及同集团经营相关的特有风险。负责风险管理的董事和高级管理人员应对集团风险状态和风险类型，以及测量、监控和管理各种风险的技术有深入了解。

第二十条　集团母公司应当确保附属法人机构董事和高级管理人员履职

的适当性，并建立持续监测和评估的程序。集团母公司在考核时除评估上述人员对附属法人机构自身发展贡献方面的履职情况外，还应当重点考虑其履职情况是否符合集团整体的发展要求。

第二十一条 集团母公司的董事、高级管理人员以及负责内部控制和风险管理的关键人员原则上不得兼任附属法人机构的董事、高级管理人员等重要职位。如确有兼任必要，应当确保集团安全稳健运行，避免内部利益冲突。

第五节 激励约束机制

第二十二条 集团应当建立和实施适当的激励约束机制。集团母公司对集团范围的激励约束机制承担最终责任，确保集团母公司及各附属法人机构的绩效考核、薪酬政策符合集团整体的长期利益以及集团风险管理的需要。

第二十三条 集团母公司应当参照《商业银行公司治理指引》、《商业银行稳健薪酬监管指引》等相关规定，建立适当的激励约束机制和稳健的薪酬制度，并指导附属法人机构根据各自的行业规定，建立与集团审慎管理相匹配的激励约束机制。集团母公司及各附属法人机构的激励约束机制可根据经营性质和行业监管要求的不同，存在合理差异，但履职评价、绩效考核、薪酬机制的整体目标应当保持一致，确保与绩效考核、薪酬政策相关的风险控制在集团整体的风险管理框架中予以体现，减少由不当激励约束安排引发的风险。

第二十四条 集团母公司应当建立和完善科学、客观、合理的责权利对称、可操作性强的集团综合考评指标体系，形成适当的内部资源配置机制，定期对自身和附属法人机构的经营业绩和发展情况进行全面考核，确保稳健经营和资本合理回报。

集团绩效考评应当建立规范、透明、公开的管理流程，兼顾效益与风险、财务因素与非财务因素，突出合规经营和风险管理的重要性。

第二十五条 承担集团财务管理、内部控制、风险管理等职能的人员的业绩衡量和薪酬应当独立于其所监督管理的业务领域，不得与所监督管理业务领域的经营业绩挂钩。

第三章 风险管控

第一节 风险治理

第二十六条 集团应当整合风险管理资源，建立独立、全面、有效的综合风险管理体系，集团母公司董事会全面负责集团范围的风险管理、内控机制、内部审计和合规管理，确保集团风险管理行为的一致性。

（一）集团母公司董事会应当设立独立的风险管理委员会；

（二）集团母公司董事会应当设立独立的审计委员会，审计委员会成员主要由非兼任高级管理人员职务的董事担任，审计委员会的召集人由独立董事担任；

（三）集团母公司应当建立独立的风险管理部门和内部审计部门，在人员数量和资质、薪酬等激励政策、信息科技系统访问权限、专门的信息系统建设以及集团内部信息渠道等方面给予风险管理部门和内部审计部门必要的支持；集团母公司应当确保风险管理部门和内部审计部门具备向董事会和高级管理层直接报告的渠道和路径；

（四）集团母公司应当规划集团整体经营策略、风险管理政策与指导原则，指导附属法人机构做好风险管理，附属法人机构应当根据集团母公司相关规定拟定自身风险管理程序及执行规则。

第二十七条 集团风险管控机制包括但不限于：

（一）根据集团母公司及各附属法人机构的业务规模、信用风险、市场风险与操作风险等状况及未来发展趋势，监控其资本充足性；

（二）制定适当的长、短期资金调度原则及管理规范，建立衡量及监控集团母公司及各附属法人机构流动性风险的管理机制，衡量、监督、管控集团的流动性风险；

（三）根据集团整体风险情况、自有资本及负债的特征进行各项投资资产配置，建立各项投资风险管理制度；

（四）建立资产性质和分类的评估方法，计算及管控集团母公司及各附属法人机构的大额风险暴露，定期监测、核实并计提损失准备；

（五）针对集团母公司与附属法人机构，以及附属法人机构之间的业务、交易、信息共享等，建立信息安全防护机制及危机管理计划。

第二十八条 集团应当建立健全有效的风险管理流程和内控机制。包括但不限于：

（一）职权与责任的明确安排；

（二）资金管理部门与会计部门的分离；

（三）相关流程的协调机制；

（四）集团的资产保全；

（五）适当的独立内部审计与合规管理，促进上述控制措施、相关法律和监管要求得到遵守。

第二十九条 集团应当建立统一的内部审计制度，检查集团的业务活动、财务信息和内部控制，指导和评估附属法人机构的内部审计工作。

（一）附属法人机构应当向集团母公司上报董事会会议纪录、会计查核报告、金融监管机构非现场监管、现场检查意见书或其他有关资料；

（二）附属法人机构应当设立内部审计部门，并将内部审计报告所提重大缺陷及整改情况上报集团母公司审核；

（三）集团母公司审计部门应当定期对附属法人机构内部审计的成效进行考核，考核结果经报集团母公司董事会后，送交附属法人机构董事会作为改进工作的参考。

第三十条 集团母公司应当逐步建立与其风险状况相匹配的前瞻性的压力测试方案，并作为其风险管理体系的组成部分。集团母公司应当定期评估集团的压力测试方案，确定其涵盖主要风险来源并采用可能发生的不利情景假设。集团母公司应将压力测试结果应用到决策、风险管理（包括应急计划）以及资本和流动性水平的内部评估中。

如果发现压力测试方案存在实质性缺陷，或者决策过程没有充分考虑压力测试结果，银监会可要求采取纠正措施。

第三十一条 集团应当定期审查集团范围风险管理框架的有效性，并确保恰当地加总风险：

（一）集团母公司风险敞口的计算适用资产公司有关监管规定；

（二）附属金融类法人机构风险敞口的计算适用相关分业监管机构的监管规定，按集团母公司对其享有的权益额和借款额作为计入集团风险敞口的上限；无相关风险敞口计量监管规定的，按集团母公司对其享有的权益额和借款额计算计入集团的风险敞口；

（三）附属非金融类法人机构风险敞口的计算，按集团母公司对其享有的权益额和借款额作为计入集团风险敞口的上限，具体计算根据业务活动类型分别处理，对其从事金融活动的风险敞口参照金融业相关监管规定执行，对其从事非金融活动的风险敞口参照具有专业资质的评估机构或审计机构的公允价值评价结果确定；

（四）集团母公司按照在附属法人机构中的持股比例对风险敞口进行加总，但附属法人机构风险敞口计入集团的总额不得大于集团母公司对附属法人机构享有的权益总额和借款总额。

第三十二条 集团在识别、评估、监测、控制、缓释重大风险时，应当做好危机管理：

（一）危机包括但不限于：大批交易对手破产，导致财务状况恶化；不法行为造成信誉严重丧失；灾害和意外事故，如严重自然灾害或恐怖行为，使经营难以继续；因谣言等各种不利因素造成集团突发性的声誉风险事件，使集团无法及时从外部融入资金，从而导致集团出现流动性问题；

（二）如果其中一家附属法人机构面临风险，可能对集团内其他附属法人机构或整个集团产生损害时，集团应当建立有效管理系统妥善应对此情况；

（三）集团应当制定应急计划以妥善处理危机，应急计划应定义报告和沟通方式；

（四）集团应当根据环境的变化及时审查应急计划；

（五）集团应当做好公共关系管理，应对附属法人机构在财务稳健性和运营适宜性等方面可能产生的重大事件。

第三十三条 集团应当管理特定功能外包风险：

（一）不得将自身权利责任委托给外包机构；

（二）不得将下列管理职能委托给外包机构：集团的计划、协调、控制和管理约定；法律或其他法规已明确分配的管理职能或规范；相关风险敞口决策；

（三）不得影响监管机构对集团的有效监管。

第三十四条 集团应当重点防范风险在集团母公司及各附属法人机构之间的传染。

（一）集团应当制定制度以规范集团内部交易，防范机构之间的投融资以及担保等行为引起风险在集团内部传染；

（二）集团应当避免通过收取不恰当的管理费用或以其他方式挪用集团母公司及附属法人机构的利润来救助面临破产危机的附属法人机构，从而影响集团内部其他实体的清偿力、流动性或盈利性；

（三）集团应当建立和完善人员、资金、业务、信息等方面的防火墙制度，防范风险传染；

（四）集团应当妥善应对因附属法人机构经营不善或倒闭引发的集团债务偿付要求，避免给整个集团带来损失和声誉风险的事件发生。

第三十五条 集团应当建立整体的风险容忍度和风险偏好政策，明确可接受和不可接受的风险承受行为，并与集团的业务战略、风险状况以及资本规划保持一致。集团母公司在考虑整体风险状况的基础上，应当始终确保其风险承受能力可应对重大风险，并考虑风险之间的相关性。

第三十六条 集团母公司应当建立识别、评估、管理和监测风险流程来确保其有足够的风险承受能力。风险管理部门应当明确集团所面临的各类风险，高级管理层应当积极参与集团风险限额的制定和监测。在确定或调整风险管理战略时，应当考虑集团的风险承受能力。

第三十七条 集团母公司董事会和高级管理层应当认真培育风险管理文化，积极采取有效措施建立相关程序和流程形成集团范围内的风险管理文化，措施包括但不限于：

（一）要求集团各个层面、各个阶段（包括产品设计阶段）决策中均应考虑风险管理因素；

（二）风险管理文化应当考虑集团业务的整体性，包括对未受监管实体和金融产品的风险意识；

（三）对员工特别是对董事、高级管理人员、重要部门关键人员等提供风险管理培训；

（四）培育和倡导全员风险管理文化建设，为所有人员特别是基层员工发现风险、防范和管理风险提供正当渠道。

第二节 战略风险

第三十八条 本办法所称战略风险，是指集团因缺乏对市场环境的了解、战略定位不当、关键资源能力不足、集团业务条线和机构之间缺乏战略协同、无法形成有效的盈利模式，以及战略推动力和执行力不足，导致对集团盈利、资本、声誉产生影响的现有或潜在风险。

第三十九条 集团母公司应当在对市场环境和自身关键资源能力分析的基础上制定集团战略规划，明确集团战略定位和集团的盈利模式。集团母公司应当采取措施加强集团战略规划的推动力和执行力，推动集团管理模式、盈利模式和信息技术的创新和融合。

第四十条 集团母公司应当加强战略规划的管控能力，确保业务条线、主要职能部门和附属法人机构的子战略规划服从和符合集团的整体战略规划。

（一）集团应当根据发展战略，制定相应的年度工作计划并分解和落实年度目标；应当完善集团发展战略管理制度，并建立完整的集团战略发展评估体系。附属法人机构应当以集团战略发展规划为指引制定相应的战略规划和工作计划；

（二）战略规划应当覆盖三至五年的时期，并经过董事会批准。集团母公司应当对附属法人机构的战略规划进行定期审查，要求附属法人机构根据环境的变化定期对其战略规划进行评估，依据评估情况确定修订与否及修订方案。

第四十一条 集团战略决策应当反映外部市场环境、监管等方面的变化。在进行战略决策时，集团母公司及各附属法人机构应当关注集团关键资源能力、集团企业文化、协同和考核机制能否支持业务发展战略。

第四十二条 集团母公司应当要求附属法人机构确保其战略目标的设定在符合监管导向的前提下与集团的定位、价值、文化及风险承受能力相一致，并确保其战略风险能被识别、评估、监测、控制和报告。

第四十三条 集团母公司应当加强集团企业文化和激励约束考核机制建设，促进战略协同，加强附属法人机构对集团战略规划的贯彻执行，确保集团整体战略目标的实现。

第四十四条 集团母公司应当确保附属法人机构的组织模式、关键资源能力足以支持集团战略的实施。当附属法人机构的发展战略与集团发生偏差和利益冲突时，集团母公司应当恰当地平衡各方利益，在维护集团整体利益的同时，不得损害子公司及其少数股东的正当权益。

第四十五条 集团母公司战略委员会应当加强对集团战略实施情况的监控，定期收集和分析相关信息，并及时向集团母公司董事会报告明显偏离发展战略的情况。如果董事会在审议方案中发现重大问题和由环境变化所产生的战略风险，应当责成战略委员会对方案做出调整。

附属法人机构应当加强对自身战略实施情况的监控，定期收集和分析相关信息，并及时向集团母公司报告明显偏离发展战略的情况。如果附属法人机构在发展战略中发现因环境变化所产生的战略风险，应当及时向集团母公司反映情况，并根据集团母公司的要求对战略方案做出调整。

第三节 集中度风险

第四十六条 集中度风险是指单个风险暴露或风险暴露组合可能威胁集团整体偿付能力或财务状况，导致集团风险状况发生实质性变化的风险。存在集中度风险的情形包括但不限于：

（一）交易对手集中风险。由于集团母公司及各附属法人机构对同一个交易对手或多个风险高度相关的交易对手有较高的风险暴露而产生的风险。

（二）地区集中风险。集团母公司及各附属法人机构对同一地区交易对手具有较高的风险暴露而产生的风险。

（三）行业集中风险。集团母公司及各附属法人机构对同一经济、金融行业具有较高的风险暴露而产生的风险。

（四）信用风险缓释工具集中风险。集团母公司及各附属法人机构由于采用单一的抵质押品、由单个担保人提供担保而产生的风险。

（五）资产集中风险。集团母公司及各附属法人机构高比例持有特定资产的风险，特定资产包括债权、衍生产品、结构性产品等。

（六）表外项目集中风险。集团母公司及各附属法人机构从事对外担保、承诺所形成的集中风险。

（七）其他集中风险。集团母公司及各附属法人机构其他可能给集团带来损失的单个风险暴露或风险暴露组合。

第四十七条 集团应当逐步采用多种技术手段充分识别、计量和管理信用风险、市场风险和流动性风险的集中度风险。

第四十八条 集团大额风险暴露是指集团并表后的资产组合对单个交易

对手或一组有关联的交易对手、行业或地区、特定类别的产品等超过集团资本一定比例的风险集中暴露。集团母公司应当严格按照资产公司有关监管要求，计量管理大额风险暴露。

第四十九条 集团应当建立全面的集中度风险管理框架，集中度风险管理框架至少包括：

（一）书面的集中度风险管理制度。该制度对集团面临的集中度风险做出明确的定义并规定相关的管理措施。

（二）有效地识别、计量、监测和控制集中度风险的方法。

（三）集中度风险限额管理体系。集团根据其经营规模和业务复杂程度对集中度风险确定适当的限额，并采取有效的措施确保限额在经营管理中得到遵守。

（四）定期的集中度风险报告和审查制度。

（五）压力测试制度。集团母公司定期对面临的主要集中度风险进行压力测试，识别可能对集团经营带来不利影响的潜在因素，并根据压力测试结果采取相应的处置措施。

第四节 流动性风险

第五十条 集团母公司及各附属法人机构应当建立与业务规模、性质、复杂程度和经营范围相适应的流动性风险管理体系，从而满足其所承担或可能承担的流动性风险的资金需求。流动性风险管理体系的基本要素包括但不限于：

（一）有效的流动性风险管理治理结构；

（二）完善的流动性风险管理策略、政策和程序；

（三）有效的流动性风险识别、计量、监测和控制；

（四）完善的管理信息系统。

第五十一条 集团应当明确在正常及压力情况下可承受的流动性风险水平，制定流动性风险管理的具体政策及程序。

第五十二条 集团母公司应当要求附属法人机构在流动性策略中明确应对日常经营现金流出以及季节性和周期性现金流波动的主要资金来源。同时，集团母公司应当对流动性风险进行分类管理，持续关注附属法人机构的流动性风险，制定向附属法人机构提供流动性支持的预案，并报银监会、人民银行备案。集团母公司还应当制定向附属法人机构提供处理潜在临时、中期及长期流动性风险情况的计划和流程。

第五十三条 集团应当在策略规划及预算编制流程中将流动性成本、利润以及风险纳入考虑范围。集团附属法人机构应当按照集团母公司的要求进行流动性策略规划，开展重要业务活动时，应当对流动性风险敞口及盈利能力进行评估。

第五十四条 集团应当坚持审慎性原则，充分识别、有效计量、持续监测和控制流动性风险，确保其资产负债结构与流动性要求相匹配。集团母公司及各附属法人机构应当通过设立更加稳定、持久和结构化的融资渠道来提高应对流动性风险的能力。同时，集团母公司应当要求附属法人机构对其在正常和压力情景下未来不同时间段的流动性风险水平及优质流动性资产储备情况进行前瞻性分析评估。

第五十五条 集团应当定期评估集团流动性管理政策的充分性和有效性，以及流动性应急预案的充分性和可操作性；关注并分析集团整体的资产负债状况、现金流状况、融资能力的持续有效性等，特别是负债集中度、资产负债期限错配对流动性可能带来的负面影响。

第五十六条 集团可根据自身发展状况，对集团的流动性风险进行统一的限额管理，充分考虑投、融资和其他业务活动，确保集团母公司及各附属法人机构具有充足的流动性，并充分考虑到实际和潜在的对附属法人机构之间以及各附属法人机构与母公司之间资金流动的限制性因素，包括法律和监管因素。

第五十七条 集团应当对整体的流动性风险状况进行监测分析，具体内容包括但不限于：现金流缺口、现金流预测、重要的流动性风险预警指标、融资可行性、应急资金来源的现状或者抵押品的使用情况等。在正常的业务环境中，流动性风险报告应当及时上报高级管理层，定期上报董事会或董事会专门委员会并抄报监事会，报告次数可依据业务组合及流动性风险状况复杂程度进行调整。

第五节　声誉风险

第五十八条　集团应当建立统一的声誉风险管理机制、相关制度和管理政策，建立集团声誉风险管理体系，持续、有效监控声誉风险管理的总体状况和有效性，防范声誉风险，应对声誉事件，以减少负面影响或损失。

第五十九条　集团应当配备与集团业务规模及复杂程度相适应的声誉风险管理资源，识别影响集团母公司及各附属法人机构的声誉或业务、或应引起高级管理人员高度重视的主要风险，建立声誉风险或潜在问题的预警指标，及时应对声誉事件。

第六十条　集团应当对母公司及各附属法人机构进行声誉风险排查，查明声誉风险在母公司与附属法人机构之间的传导途径以及发生声誉事件的因素。

第六十一条　集团母公司应当制定自身的声誉风险应急预案，附属法人机构应当根据集团母公司的声誉风险管理要求，制定相应的声誉风险应急预案报集团备案。同时，集团母公司应当提升客户满意度并及时准确地发布信息，提升集团在金融市场中的整体形象。

第六十二条　集团应当对附属法人机构声誉事件实行分类分级管理。附属法人机构应当对声誉事件进行应急处置，并及时向集团母公司报告，防止因声誉风险的传递对集团造成不良影响。

第六十三条　附属法人机构应当按照集团母公司的要求，评估声誉事件应对措施的有效性，及时向集团母公司反馈情况。

集团应当根据附属法人机构发生的声誉风险，动态调整应对方案，发生重大声誉事件应当及时向银监会报告有关情况，并及时上报声誉事件处置和评估报告。

第六节 新业务风险

第六十四条 集团母公司应当制定相关制度对新业务进行定义，明确新业务试点开展的具体流程、风险评估和控制措施，以及实施前的测试工作等要求。对于提交董事会或高级管理层审查的创新试点项目，应当重点审查新业务的创新性及风险管理计划。集团的新业务制度应当随着市场情况、监管法规发生变化而更新。

第六十五条 集团母公司及各附属法人机构应当在新业务已成功实施，且识别、评估、处理、监控风险的流程已就绪的情况下持续开展该业务。新业务运作中所涉及的部门和人员（包括内部审计部门和合规管理部门）应当参与到新业务计划的制定及测试阶段中。

第六十六条 集团母公司及各附属法人机构应当制定防范新业务风险的制度，并对新业务及其风险进行评估，包括但不限于：

（一）分析新业务的法律、法规要求；

（二）分析新业务与集团主业的关联度情况以及新业务收益成本；

（三）描述相关金融产品和相关目标市场；

（四）描述新业务活动可能给集团带来的风险，以及任何已有的风险管理程序和系统的细节，包括风险定义、量化、管理和控制的程序；

（五）评估新业务活动对集团整体财务状况和资本水平影响程度；

（六）描述相关会计核算、交易组织架构以及关键风险控制职能。

第四章 内部交易管理

第一节 定义和原则

第六十七条 集团内部交易是指集团母公司与附属法人机构以及附属法

人机构之间发生的包括资产、资金、服务等资源或义务转移的行为。不包括集团母公司及各附属法人机构与对其有直接或间接控制、共同控制、实际控制或重大影响的其他股东之间的交易。

第六十八条 集团内部交易应当遵循诚信、公允、审慎、透明的原则，确保内部交易的必要性、合理性、合规性。

（一）必要性。内部交易应当符合集团及各附属法人机构的战略发展目标，有利于加强集团协同，提高集团的综合经营效益，防止通过内部交易掩盖风险。

（二）合理性。内部交易应当符合商业原则、行业和市场惯例，交易价格应当公允。

（三）合规性。内部交易应当遵守国家法律、法规以及相关行业的监管规定。

第六十九条 集团内部交易范围主要包括：

（一）以资产为基础的内部交易。包括：资产买卖与委托（代理）处置、资产重组（置换）、资产租赁等。

（二）以资金为基础的内部交易。包括：投资、授信、融资（借款、买卖公司债券、股东存款及提供担保等）、理财业务等。

（三）以中间服务为基础的内部交易。包括：提供评级、评估、审计、法律顾问、拍卖、咨询、业务代理、中介服务等。

第二节　内部交易的管理

第七十条 集团母公司及各附属法人机构在依法合规和有效控制风险的前提下，可建立客户、渠道、品牌等方面的共享机制，逐步对会计核算、信息技术、行业研究等后台支持部门进行集中管理，有效配置和使用资源，实现规模效益。

第七十一条 集团母公司及各附属法人机构开展银行、证券、信托、基金、期货、保险等业务的综合营销时，应当符合下列要求：

（一）从事综合营销的业务人员，应当取得监管部门规定的有关业务所需的资质。

（二）集团内部各经营单位代理内部业务应当签订协议，明确各自的权利和义务。确保代理业务前期尽职调查到位，落实项目后期管理责任。

（三）附属法人机构之间进行综合营销时，其营业场所、业务人员及服务项目应当使客户易于识别。

（四）从事综合营销的业务人员办理相关业务时，其行为由开办相关业务的附属法人机构承担法律责任。

（五）集团母公司及附属法人机构之间共享客户资源进行营销时，客户数据的提供、贮存、使用必须符合法律、法规要求，附属法人机构之间应当签订保密协议，建立客户数据库，妥善储存、保管及管理客户相关数据。

第七十二条 集团母公司应当按照相关法律、法规及监管规定，制定集团内部交易管理制度，加强内部交易管理，规范内部交易行为。内部交易管理制度应当报送银监会。

第七十三条 监管机构明确界定的重大关联交易对应的内部交易应当按照相关监管机构规定执行，按照规定需经审批的关联交易对应的内部交易，应当报监管机构批准。

第七十四条 集团母公司应当明确内部交易审议（审查）和决策机构及相应的管理职能，制定并严格履行科学、规范的内部交易审议（审查）和决策程序。

附属法人机构可根据业务开展情况，明确内部交易审议（审查）和决策机构及其对应的职责。

第七十五条 集团母公司应当健全和完善内部交易的定价机制，集团内部交易定价应当以市场交易价格为基础，无法获取市场交易价格的，可按照成本加成定价或协议价定价。集团内部交易按照协议价定价的，业务发生机构应当按照国家法律、法规要求，提供价格形成的有效依据。

第七十六条 集团母公司应当建立健全集团内部交易风险隔离机制，增强内部交易透明度，降低内部交易的复杂程度，防止通过内部交易不当转移利润和转嫁风险，减少利益冲突，避免风险过度集中，保护利益相关者的合法权益，维护公平竞争的市场环境。

第七十七条 集团母公司及各附属法人机构应当对内部交易的成本和收入进行分析，并按照会计准则和有关规定真实、及时地进行会计处理。

第七十八条 集团母公司内部审计部门应当每年至少对集团内部交易情况进行一次审计。审计结果报董事会（或经营决策机构）和监事会，董事会（或经营决策机构）应当每年向股东大会（股东会）报告。

集团母公司应当于每年第一季度末向银监会报送上一年度集团内部交易开展情况的综合报告。

第三节　内部交易的禁止性规定

第七十九条 集团母公司在内部交易中不得利用其控股地位损害附属法人机构、附属法人机构的其他股东和客户的合法权益。

第八十条 不得通过内部交易进行监管套利。

第八十一条 附属法人机构应当遵守所属行业的监管规定，不得违规从事下列事项：

（一）附属银行类机构不得对集团母公司及其他附属法人机构提供无担保授信，或发放无担保贷款。不得对集团母公司及其他附属法人机构的融资行为提供担保，但关联方以银行存单、国债提供足额反担保的除外；

（二）附属信托类机构不得将集合信托资金直接或间接运用于集团母公司及其他附属法人机构，但集合信托资金全部来源于集团母公司及其他附属法人机构的除外；

（三）附属证券类机构不得对集团母公司和其他股东提供融资或担保。附属证券类机构不得持有集团母公司和其他股东的股权（但法律、法规或者证监会另有规定的除外），不得通过购买集团母公司或其他股东持有的证券等方式输送不当利益；

（四）附属保险类机构不得违反保监会有关关联交易的监管要求，违规对集团母公司及其他附属法人机构提供担保和投资。

第五章 特殊目的实体管理

第八十二条 本办法所称特殊目的实体是指为特殊目的而建立的法人和其他经济组织。

第八十三条 集团母公司及各附属法人机构以特殊目的实体从事业务时，应当依照有关法律、法规、部门规章的规定和各业务的法律约定履行相应职责，并有效地识别、计量、监测和控制相关风险。

第八十四条 集团母公司及各附属法人机构以特殊目的实体从事业务时，特殊目的实体应当具有良好的公司治理、风险管理体系和内部控制制度，规范的标准和程序等。

第八十五条 集团应当充分认识设立特殊目的实体从事交易而承担的责任，并根据特殊目的实体在所从事交易业务中担当的角色，制定相应的风险管理政策和程序，以确保持续有效地识别、计量、监测和控制特殊目的实体从事交易过程中的风险，避免因特殊目的实体在交易过程中承担多种角色可能产生的利益冲突。

第八十六条 集团对特殊目的实体的设立和运营监管承担以下责任：

（一）集团应当设立评估流程，根据特殊目的实体与集团关系的性质，确定是否全部或部分纳入并表监管；

（二）集团应当在压力测试和情景分析中考虑因特殊目的实体产生的表外业务风险；

（三）集团应当重点评估特殊目的实体所带来的风险传染。

第八十七条 集团应当评估特殊目的实体在交易过程中所承担的风险和商业目的，区分风险转移与风险转化。集团应当确保评估持续进行，且管理层对上述风险充分了解。

第八十八条 集团应当对特殊目的实体中增加交易复杂性的风险管理因素进行评估（如特殊目的实体的结构化特征）。如特殊目的实体交易的复杂程度增加，超出特殊目的实体和投资者对有关风险进行量化的能力，则不得发起该交易。

第八十九条 集团母公司及各附属法人机构应当对其特殊目的实体的资本充足情况、杠杆作用及流动性措施的影响进行分析，对其各类风险进行评估。集团母公司应评估加总、评价和报告所有特殊目的实体的风险敞口，将其与集团内其他所有实体的风险共同考虑并加以管理。

第九十条 集团应当定期监督、监测特殊目的实体活动的开展状况，评估它们对集团的影响，识别可能导致的系统脆弱性及系统性风险传染。

第六章 资本充足性管理

第一节 资本要求

第九十一条 对集团的资本监管分为单一机构监管、同业的并表监管及集团补充资本监管三个层次：

（一）集团母公司及附属金融类法人机构应当分别满足各自监管机构的单一资本监管要求。其中，集团母公司资本充足率不得低于12.5%。

（二）集团母公司、附属银行业金融机构及附属非金融机构应当满足银监会相关并表监管的资本监管要求，附属证券业和保险业金融机构，应当分别满足各自分业并表的资本监管或偿付能力监管要求。

（三）集团应当满足集团补充资本监管要求。

第九十二条 集团补充资本计量方法为，将母公司和附属金融类法人机构的合格资本按持股比例全部相加，从中减去附属法人机构之间及各附属法人机构对其母公司的持股额（包括过度杠杆，即将发债和借入资金以股权或其他方式注资获得的持股额）和经审核无法转移的资本额。然后，将扣除内部持股和无法转移资本后的集团合格资本与母公司及其对附属金融类法人机构按持股比例计算的资本监管要求之和进行比较，以确定集团的资本是否充足。

第二节　资本管理

第九十三条　集团应当建立审慎、健全的资本管理政策、制度及实施流程，同时要兼顾未受监管业务的额外风险和跨业经营的复杂情况。可根据集团发展情况，建立资本管理政策委员会，统一负责集团的资本政策、制度和规划管理，也可由集团母公司董事会指定的委员会负责。集团母公司应当保持集团范围的资本充足，缓冲集团经营活动带来的风险。资本管理要考虑和评估集团范围的风险状况。

第九十四条　资本管理政策应当经集团母公司董事会批准并定期审查，资本管理决策应当体现稳健的资本规划要求，并考虑压力情景下的结果。资本规划应当确保集团内部资本充足性评估程序的稳健性。

第九十五条　资本规划流程应当符合对整个集团范围以及单个被监管机构的资本要求。资本规划应当在考虑集团战略重点和经营计划的基础上设定与风险敞口规模和类别对应的资本充足性目标；考虑集团范围的风险状况、风险偏好及重要附属法人机构已暴露的相关业务风险对集团资本状况可能造成的影响；识别和计量重大风险（包括表内、表外业务风险及未受监管实体的业务风险）；量化内部资本目标，制定保持内部资本目标水平的管理计划，明确未达标需采取的行动和措施；考虑当前和可预测的商业和宏观经济环境，采用前瞻性的压力测试识别可能的时间或市场状况的变化对集团资本状况带来的不利影响。

集团资本规划主要内容包括：

（一）对规划周期（至少九个季度）内的资本预期使用和补充来源的评估及超过规划周期的资本潜在使用和潜在补充来源的预测评估。包括在预期和压力条件下，集团的规模、复杂性、风险状况和经营范围等。

（二）集团资本充足性评估程序的详细描述。包括但不限于：评价集团活动产生风险的程序，确保资本与风险水平相适应；集团如何保持资本充足的战略；如何设定集团风险状况相关的资本目标、风险偏好；如何在预期和压力条件下保持超过最低监管要求资本；如何加强对附属银行业法人机构资本支持，在偏离监管资本要求时所采取的补救措施；如何加强对特殊目的实体、中间控股公司等未受监管实体的资本缺口管理；集团应当说明如何能够获得足够的合格资本覆盖缺口。

（三）对资本规划、发行、使用和分配的原则和规定的评估。包括内部资本目标，分红和股份回购的定量和定性规定，应对潜在资本不足的策略，围绕资本政策的内部治理程序等。

（四）对集团资本充足性和流动性有重大影响业务规划的任何预期改变。

（五）明确集团母公司与附属法人机构、附属法人机构之间进行转让的资本的性质以及对该类资本如何进行转让的说明。

（六）明确对未受监管实体持有足够的资本或可随时调用足够资本所做的安排。

第九十六条 集团母公司应当识别和明确集团内相互持股产生的双重或多重的资本杠杆，避免资本的重复计算。持续关注对于集团与其他集团之间的相互持股以及集团通过未受监管的中间控股公司对附属法人机构持股，充分考虑上述行为对集团资本管理可能造成的不利影响。

第九十七条 集团母公司应当减少过度资本杠杆对整个集团造成的风险。防范集团母公司将发债或借入资金以股权或其他方式注资附属法人机构，以及附属法人机构将发债或借入资金以股权或其他方式注资集团母公司或其他附属法人机构对整个集团可能造成的不利影响。

第九十八条 集团母公司应当加强对附属法人机构的审慎管理。集团母公司对附属法人机构的持股比例超过20%低于50%，并获得实际控制权时，只有按比例分配的合格资本高于附属法人机构资本要求的超额部分才可用于弥补集团或集团母公司资本。

第九十九条 按照外部监管与内部监管相结合的原则，集团母公司应当通过逐步建立和强化内生经济资本管理，提升外部资本监管的有效性。集团母公司应当加强经济资本管理建设规划，逐步建立有利于经济资本计量的数据采集、模型选取等制度，并在有效计量经济资本的基础上，逐步建立健全经济资本的预算分配制度，以及以经济增加值和经风险调整的资本回报率为核心的绩效考核制度，以提高与集团整体的业务发展及风险相匹配的资本计量和管理能力，提升资本使用效率。集团母公司应当通过集团内部审计，确保集团整个资本管理过程的完整性。

第一百条 集团母公司应当关注集团经营业绩是否能够支持整个风险资本要求，分析资产和权益增长率的水平和趋势对资本补充的影响，持续检查资产损失头寸的现有水平，关注集团母公司依赖的核心盈利或收入是否来自于非主营业务，强化在经营恶化趋势中通过盈利增加资本的管理能力，并提升通过存续股东增加资本、发行新资本工具或使用资本替代来源的能力。

第一百零一条 集团母公司应当促进资本工具的创新，加强对资本工具的有效运用和合规性的管理，拥有分红支付优先权的股票不得作为普通股纳入一级资本。

第三节 资本评估

第一百零二条 集团母公司应当对集团范围内经营活动和交易中的内在风险的资本充足性进行评估，充分考虑整个集团的经营风险，妥善处理第三方参与者与少数股东权益，包括对未受监管实体的资本处理方式以及对重要的风险敞口和特定机构的投资是否需要提出具体的额外资本要求。

集团母公司进行资本评估，应当涵盖集团内所有从事金融和准金融活动的机构（包括受监管实体和未受监管实体），当集团内风险由受监管实体转移至未受监管实体时，应当对未受监管实体的资产数量和质量进行审查。

第一百零三条 集团母公司应当评估计量和扣除资本重复计算采取措施

的适当性和一致性。集团资本充足性评估和计量技术应当能解决过度杠杆评估和计量问题，充分考虑资本结构、注资方式、附属法人机构通过分红帮助母公司偿债对资本充足率评估的影响。

第一百零四条 集团母公司应当在不考虑集团内部资本转移能力的情况下，评估集团内部资本分配的适当性。集团资本评估和计量技术应当能够评估集团内部资本转移的限制，判断是否存在影响集团内部资本有效转移的现有或潜在障碍，包括法律限制、税收规定、其他股东利益、资本质量的审慎要求、对未受监管实体出资相关的限制和针对单个附属法人机构的监管要求的限制、外汇管制及所在地的特殊要求等，并考虑上述限制和障碍可能对资本是否纳入集团资本评估产生的影响。

第一百零五条 集团母公司应当明确对附属法人机构资本充足性的具体要求，并对集团内股权投资对集团资本充足性的影响进行持续评估，附属法人机构应当将其重大投资计划提前报告集团母公司。集团母公司应当评估附属法人机构超额资本的适当性，并确保附属法人机构超额资本由合格资本构成。

第一百零六条 集团母公司应当评估资本规划的合理性，包括但不限于：评估现金或其他价值的分红是否与目前和未来的资本需求相一致，资本需求包括可能的未来储备的增加、资产核销和短期内通过市场培育额外资本的可行性；依据盈利或潜在的资本需求评估是否限制超额分红，消除分红可能导致集团资本结构发生重大不利变化；评估是否建立和完善集团范围内全面的分红政策，为集团资本规划提供帮助；持续关注集团内附属法人机构为适应经济环境改变分红政策可能造成的不利影响；评估股票回购和赎回对资本规划的影响，确保资本能够满足集团持续发展的需要。

第四节 资本质量

第一百零七条 集团母公司应当建立资本的自救安排机制，以抵御系统性风险对集团的影响，提升集团监管资本的损失吸收能力。

银监会在必要时可允许集团母公司根据逆周期管理的需要，适当调整资本监管要求，缓解资本监管的亲经济周期效应。

第一百零八条 集团母公司经批准发行非普通股的各级资本工具的条款必须规定，除非在资本工具持有者承担损失前能够充分吸收集团的损失，否则，根据银监会的相关要求，触发条件一旦发生，资本工具或者经批准核销，或者转为普通股。触发条件为下列两者中较早者：

（一）银监会认定，如不做出核销或转为普通股的决定，集团将无法生存；

（二）财政部、人民银行等国家相关管理部门认定，如不做出公共部门注资或提供同等效力支持的决定，集团将无法生存。

第七章 财务稳健性管理

第一节 资金管理

第一百零九条 集团内部资金管理应当遵循统筹安排、合理使用、提高效益的原则，保障集团母公司及各附属法人机构资金需要，按时编制资金使用计划，提高资金使用的安全性、效益性和流动性。

第一百一十条 资金计划管理是通过编制下达资金计划，运用资金调度手段，对资金总量及结构进行主动调节和量化控制，保证资金支付和收支计划的顺利实施，减少不合理资金占用、提高资金使用效率，监测计划期内资金总量平衡和结构调整状况，指导集团母公司及附属法人机构的资金管理活动。

第一百一十一条 集团应当保持债务规模和期限结构合理适当，新增债务融资应充分评估财务风险。集团应当关注资金的动态情况，实时监控集团的资金头寸（附属信托公司、证券公司、基金管理公司、期货公司等机构受托管理的资金可除外），对集团母公司及各附属法人机构资金运用出现异常情况，应当及时发出预警，向集团母公司高级管理层汇报。

第一百一十二条 集团应当建立内部资金转移定价机制，制定科学合理的内部资金转移利率。集团母公司从其附属金融类法人机构融资必须符合有关法律、法规规定，不得以资金占用等形式侵占附属法人机构及其他利益相关者的合法权益。

第一百一十三条 集团应当对附属法人机构的对外担保业务进行统一管理，制定审慎的审批程序，规范对外担保行为，严格控制对外担保产生的债务风险。

第二节 投资管理

第一百一十四条 集团应当协调附属银行业、证券业、保险业法人机构金融业务发展，提高竞争力和盈利能力，并根据国家宏观政策和集团发展战略，优化金融业务投资布局。

第一百一十五条 集团母公司及各附属法人机构应当对对外投资项目的可行性进行研究，对被投资企业的财务信息进行甄别和分析，并及时进行对外投资项目的效益测算和分析评价。

第一百一十六条 集团母公司及各附属法人机构从事境外投资活动，应当按照国家有关境外投资管理规定和相关要求，履行报批程序。集团应当加强境外业务的管理和协调，及时应对形势发展变化，防范和化解财务风险。

第三节 预算与财务控制

第一百一十七条 集团应当根据经济发展状况、市场变化、发展战略和风险偏好等因素，审批确定审慎、可行的年度经营计划。

第一百一十八条 集团应当实施全面预算管理，包括财务预算、业务预算和资本预算；明确集团母公司及各附属法人机构各自的职责和权利，设置专门委员会或明确相应的决策体系，负责预算的编制、审定、组织实施和调整等，以实现集团的整体战略目标。

第一百一十九条 集团母公司及各附属法人机构应当确保其资产、业务增长速度与其资本积累能力和抗风险能力相匹配，确保附属法人机构达到集团母公司规定的风险控制指标要求，不断改善资产负债结构。集团母公司及各附属法人机构应当建立健全动态指标监测系统，及时提示并化解财务风险。

第一百二十条 集团应当全面识别和清理风险隐患，完善财务风险控制制度，建立健全应对财务风险的应急处理机制，有效防范和化解风险。

第一百二十一条 集团应当加强资产质量管理，建立健全资产风险分类管理制度，并逐步实现动态评价。对预计可收回金额低于账面价值的部分，按照有关规定及时足额计提资产减值准备。

第四节 会计信息管理

第一百二十二条 集团母公司及各附属法人机构应当严格依据会计准则进行会计核算，提高会计信息的可靠性、可比性；集团母公司应当定期对附属法人机构重要业务会计政策的准确性和恰当性进行指导和监督。

第一百二十三条 集团母公司应当定期对附属法人机构会计管理工作进行指导和监督，及时纠正不规范会计操作；集团母公司应当规范附属法人机构外部审计机构选聘管理机制，提高附属法人机构所聘用审计机构的资质、独立性和审计水平，提升会计信息质量。具体按照银监会颁布的《银行业金融机构外部审计监管指引》执行。

第一百二十四条 集团应当全面进行财务信息化建设，提高会计信息管理的效率和财务信息的及时性，满足对外及时披露会计信息和报送监管信息、对内提供管理数据的集团财务信息管控要求。集团应当规范会计基础信息的业务标准，支持财务数据的汇总分析，实现集团内部抵消，提高并表效率。

第八章 信息资源管理

第一节 数据管理

第一百二十五条 信息资源管理是指对信息内容及包括应用系统、设备、技术、信息科技人员等在内的与信息内容相关的资源进行管理的过程，包括规划整合相关资源，建设应用系统，建立管理体系，提供信息服务等。集团应当充分认识数据在集团经营决策、内部管理与金融服务中的核心价值和战略意义，从管理体系和技术上不断改进数据的统一管理模式，持续加大数据积累与整合的广度和深度。

第一百二十六条 在符合相关法律、法规前提下，集团应当建设统一的数据管理机制，建立集团管理信息数据库，集中汇总各级附属法人机构的业务、财务和风险管理数据，满足监管信息报送、信息披露、综合营销、集团风险管理、资本管理和经营分析的需求，并持续提升对数据的分析和运用能力。

第一百二十七条 集团母公司应当明确数据统一管理的部门及其职责，负责集团数据管理的领导、组织、协调工作，协调和督促集团母公司各相关部门及各附属法人机构，共同做好数据管理工作，定期检查并发现数据质量存在的问题，提出合理化建议。

第一百二十八条 集团母公司各相关部门及各附属法人机构负责本部门及本机构业务范围内有关数据的日常管理工作，在集团数据统一管理部门的组织协调下，全面开展数据管理工作。

第一百二十九条 集团数据统一管理部门应当牵头建立全面、科学的集团管理信息指标体系，做好信息的监测、分析和风险预警，推进集团管理信息数据库建设，为监管信息报送、经营分析、管理决策、信息披露提供信息分析和支持服务。

第一百三十条 集团母公司应当逐步推进集团数据标准建设，重点加强集团管理信息指标的数据标准建设，推动数据信息逻辑整合，提高监管机构、集团母公司与附属法人机构信息系统之间数据对接的准确性、一致性。

第二节　信息科技治理

第一百三十一条 集团应当逐步健全信息科技治理结构，明确董事会、高级管理层、信息科技管理委员会、信息科技风险管理部门、信息科技管理部门、审计部门的信息科技工作要求和职责。

第一百三十二条 集团母公司应当设立由高级管理层、信息科技部门、主要业务部门和附属法人机构的代表组成的信息科技管理委员会，负责定期向董事会和高级管理层汇报信息科技战略规划执行、信息科技管理与科技风险管理情况。

第一百三十三条 集团母公司应当明确集团的信息科技风险管理部门及其职责，根据集团风险管理体系制定全面的信息科技风险管理策略，建立风险识别和评估流程，持续开展信息科技风险计量和监测。

第一百三十四条 集团母公司应当明确集团信息科技管理部门及其职责，统一负责集团信息系统的规划、信息科技资源的协调与共享、信息科技制度体系建设、信息化需求管理等。

第一百三十五条 集团应当持续提高集团信息技术服务能力，提高信息技术人力资源规划与管理水平，培养专业技术人才，减少关键岗位对外包服务的依赖。

第一百三十六条 集团母公司及各附属法人机构应当将信息科技风险管理审计作为内外部审计的一部分，确保内部审计部门配备足够的资源和具有专业能力的信息科技审计人员，定期进行独立有效的信息科技风险管理审计。

第一百三十七条 集团母公司应当制定信息科技外包管理策略，明确外包管理职责，不能将信息科技管理责任外包，并审慎监督外包职能的履行。

第三节 信息系统建设

第一百三十八条 集团母公司应当制定与其经营战略相适应的信息化建设规划，并结合实际情况，在集团范围内逐步做到“统一规划、统一标准、统一建设、统一管理”。

第一百三十九条 集团母公司应当结合业务实际，制定与附属法人机构业务性质相适应的信息系统技术架构和数据标准，并完善附属法人机构信息系统间的风险隔离机制。

第一百四十条 集团母公司应当建立和完善符合监管要求的管理信息系统，及时、准确、全面获取附属法人机构的相关信息，在集团层面汇总资本、流动性、大额风险暴露、内部交易、盈利、绩效评价等信息，并实现与非现场监管系统的对接。

第一百四十一条 集团母公司应当按照相关法律、法规的要求，集中建设符合专业技术标准的数据中心、灾备中心、开发测试中心和业务后援中心，提高信息技术服务能力，建立健全各项开发测试、运行维护及业务连续性方面的管理措施和应急机制，保障业务持续、安全、稳定运行。

第四节 信息安全管理

第一百四十二条 集团母公司应当研究制定和完善集团信息安全标准规范和信息安全制度体系，落实信息安全管理职责，建立信息安全管理机制，运用各项安全技术，提高员工信息安全意识，依据已确立的法律、法规、内部制度与相关技术标准，定期开展信息安全检查和评估。

第一百四十三条 集团母公司及各附属法人机构对于客户个人资料、往来交易资料及其他相关资料，除法律或监管机构另有规定外，应当保守秘密。集团母公司与附属法人机构之间应当就所集中使用的保密资料签订书面保密承诺，并以监管机构指定的方式，揭示保密措施的重要事项。

第一百四十四条 集团母公司及各附属法人机构进行交叉销售，共同使用客户个人资料时，应当符合为客户保密的监管规定，且事先向客户提示，并经客户同意。集团母公司因法律、监管规定或因内部管理需要，要求附属法人机构将业务或客户信息集中建立数据库并加以应用，不适用本条规定，按本办法第一百四十三条处理。

第一百四十五条 集团应当遵循相关法律、法规对于上市公司未公开信息管理的要求，加强对内幕信息的管理。在符合相关法律、法规的前提下，上市附属法人机构如需向集团披露未公开的业务、财务和风险管理等信息，应当限定集团知悉的人员和内容，签署相关保密及承诺协议，做好内幕信息知情人的登记备案。

第九章　信息披露

第一节　信息披露的基本要求

第一百四十六条　集团信息披露的主体为集团母公司。集团母公司应当建立和完善信息披露制度，规范披露程序，明确内部管理职责，按照相关法律、法规的要求对外披露信息。

第一百四十七条　集团对外披露管理信息应当遵循真实性、准确性、完整性、及时性和公平性原则，对信息披露中的虚假和误导性陈述及重大遗漏等承担相应的法律责任。

第一百四十八条　集团对外披露信息应当严格执行国家保密相关规定，依法确定信息披露的范围和内容，制定合规的披露方式。

第一百四十九条　信息披露内容应当包括：集团法人治理情况、财务状况、风险管理、重大事件等。根据自身实际情况，可以自主增加披露其他相关信息。

第一百五十条　信息披露的方式、途径、频率、对象等，应当遵守监管机构的相关规定。因特殊原因不能按照上述有关规定及时披露的，集团应当遵守监管机构规定合规处理。

第二节　信息披露内容

第一百五十一条　法人治理信息。包括但不限于：

（一）集团概况。包括治理结构、组织结构和股权结构信息。

（二）集团母公司股本变动情况。

（三）集团母公司主要股东及实际控制人基本情况。

第一百五十二条 会计信息。包括但不限于：集团及母公司财务会计报表，包括资产负债表、利润表、现金流量表、所有者权益变动表、财务报表附注和审计报告的主要审计意见。

第一百五十三条 风险信息。包括但不限于：

（一）风险管理体系的组织架构和管理职能；

（二）风险管理的政策和程序，风险计量、监测和管理信息系统，内部控制和全面审计情况等；

（三）根据监管机构规定需要披露的其他风险信息。

第一百五十四条 重大事件信息。集团应当按照相关的法律、法规要求，及时披露可能具有较大影响的重大事件，说明事件的起因、目前的状态和可能产生的影响。重大事件包括但不限于：

（一）控股股东或者实际控制人发生变更；

（二）更换董事长或者总裁；

（三）当年董事会成员发生变动；

（四）公司名称、注册资本或者注册地发生变更；

（五）经营范围发生重大变化；

（六）合并、分立、解散或者申请破产；撤销分支机构信息；

（七）重大交易和关联交易；

（八）董事长、总裁因经济犯罪被判处刑罚；

（九）重大诉讼或者重大仲裁事项；

（十）更换或者提前解聘会计师事务所等。

第一百五十五条 集团应当按照有关法律、法规要求披露的重大交易和关联交易信息，包括但不限于：

（一）交易对手；

（二）定价政策；

（三）交易目的；

（四）交易的内部审批流程；

（五）交易对公司本期和未来财务及经营状况的影响；

（六）独立董事的意见。

第十章　监督管理

第一节　监管协调

第一百五十六条　银监会作为集团层面的监管机构，依法履行监管职责，针对集团范围的有效监管问题，加强与财政部、人民银行、证监会、保监会等监管机构和主管部门的监管协调，最大限度地消除监管空白和减少监管套利。监管协调的内容包括但不限于：

（一）银监会同其他监管机构和主管部门签署监管合作谅解备忘录，明确各相关监管机构和主管部门在集团监管中的职责，明确信息交流的内容、方式和渠道，确定联席工作会议、联系机制、重大紧急问题磋商机制、合作开展检查与联合采取监管措施等协调工作机制。

（二）银监会积极寻求同集团附属非金融法人机构的行业主管部门签署合作谅解备忘录，同该行业的主管部门保持沟通与信息共享。

（三）为避免重复监管，银监会对集团附属金融法人机构的了解和评估，在集团母公司提供的信息之外，主要依赖证监会、保监会等监管机构提供的信息，如有必要，可委托相关监管机构收集附属法人机构的特定信息。在监管协作的范围内，证监会、保监会等监管机构可从银监会获得集团运营中有可能影响到附属法人机构的信息。

（四）如果发现附属法人机构的活动可能会给集团运营带来实质性风险，银监会将与相关监管机构协调，联合开展检查或测试。

（五）银监会促进各相关监管机构就集团范围监管问题形成统一意见。对于金融监管政策等方面的协调，通过金融监管协调部际联席会议协调解决。如存在具体监管分歧，银监会通过与其他监管机构监管合作途径，及时协调解决。

（六）银监会和财政部、人民银行、证监会、保监会等相关监管机构及主管部门建立健全集团监管信息共享平台，包括检查报告、风险评估报告、内外部处罚情况和日常监管情况等信息。

第一百五十七条 银监会与境外监管机构开展监管合作，对集团跨境业务的监管和协调做出安排。

第二节 监管检查

第一百五十八条 银监会通过持续的非现场监管，现场检查以及不定期地对集团重要的风险管理和内部控制进行压力测试及情景分析等方式，持续深入了解集团的运营状况，判断集团是否符合相关法律、法规规定和满足审慎监管要求。

第一百五十九条 银监会持续监测和分析集团信息，评估集团整体的风险状况。集团母公司应当为银监会的持续监管提供必要的信息，并定期报送集团风险评估报告，适时报送集团重大事项以及监管部门要求报送的其他资料。

第一百六十条 银监会和集团母公司董事会、高级管理层之间应当就监管检查中发现的问题深入沟通，确保监管检查取得实效，促进集团母公司董事会和高级管理层及时采取纠正措施。

银监会可对集团的监管检查结果落实情况进行跟踪或实施后续检查。

第三节 监管罚则

第一百六十一条 银监会依法对集团母公司采取监管措施，督促其遵守审慎监管要求，确保集团稳健经营。

对附属法人机构达不到集团审慎监管要求的，银监会可责令集团母公司对附属法人机构提出限期纠正的要求。附属法人机构属于证券业或保险业机构的，银监会进行协调，由证监会、保监会等监管机构对其采取监管措施。

第一百六十二条 对于集团母公司未按照银监会监管要求进行整改，或者严重违反法律、法规的行为，银监会依据《中华人民共和国银行业监督管理法》、《中国银行业监督管理委员会行政处罚办法》等相关法律、法规进行处罚或移送司法部门进行处理。

第十一章 附则

第一百六十三条 本办法中的“以上”、“以内”包括本数或者本级。

第一百六十四条 本办法中董事会、监事会、董事、监事等有关规定不适用于未改制资产公司，信息披露有关规定不适用于未上市资产公司。资产公司可分阶段落实本办法中风险计量及压力测试、数据管理及信息系统建设有关规定，但已改制资产公司至少应在2020年底前达标，未改制资产公司至少应在改制后7年内达标。资产公司应制定分步实施规划。

第一百六十五条 本办法自2015年1月1日起施行。

参考资料

1. 王兆星. 我国银行资本监管制度变革［J］. 中国金融，2014（15）.

2. 王兆星. 贷款风险分类和损失拨备制度变革［J］. 中国金融，2014（17）.

3. 王兆星. 高风险金融机构的处置与退出机制［J］. 中国金融，2015（11）.

4. 中国银保监会政策研究局、统计信息与风险监测部课题组. 中国影子银行报告［J］. 金融监管研究，2020（11）.

5. 中国长城资产牵头联合同业运作的中国中铁债转股项目成功过会［N］. 新华网，2019-05-07.

6. 工行、信达、长城宣布受让锦州银行股份，均称为财务性投资［N］. 澎湃新闻，2019-07-28.

7. 中国长城资产20年累计化解不良资产两万亿元勇担金融“防火墙”重任［N］. 人民日报，2019-10-22.

8. 官方网站：中国人民银行、中国银行保险监督管理委员会、中央汇金投资有限责任公司、中国长城资产管理股份有限公司、农银金融资产投资有限公司、杭州市中级人民法院、国际清算银行、巴塞尔银行监管委员会、爱尔兰国家资产管理局。

图书在版编目（CIP）数据

一本书读懂不良资产 / 石佳华著 . —北京：中国法制出版社，2022.7（2025.12 重印）

ISBN 978-7-5216-2696-4

Ⅰ. ①一…　Ⅱ. ①石…　Ⅲ. ①不良资产—资产管理—法规—中国　Ⅳ. ① D922.291

中国版本图书馆 CIP 数据核字（2022）第 087379 号

策划编辑：赵　宏
责任编辑：冯　运
封面设计：汪要军

一本书读懂不良资产

YI BEN SHU DUDONG BULIANG ZICHAN

著者 / 石佳华

经销 / 新华书店

印刷 / 北京虎彩文化传播有限公司

开本 / 710 毫米 ×1000 毫米　16 开　　印张 / 16.25　字数 / 223 千

版次 / 2022 年 7 月第 1 版　　2025 年 12 月第 11 次印刷

中国法制出版社出版

书号 ISBN 978-7-5216-2696-4　　定价：68.00 元

北京市西城区西便门西里甲 16 号西便门办公区

邮政编码：100053　　传真：010-63141600

网址：http://www.zgfzs.com　　**编辑部电话：010-63141832**

市场营销部电话：010-63141612　　**总编室电话：010-63141606**

（如有印装质量问题，请与本社总编室联系。）